하버드에서 배우는
내 아이의 표현력

《10天塑造孩子表达力》by 科恩

Copyright © 2016 by Chemical Industry Press

All rights reserved.

Korean edition copyright © 2018 by MIRAE TIMES

Korean language edition arranged with CHEMICAL INDUSTRY PRESS

through Enters Korea Co., Ltd.

# 하버드에서 배우는 내 아이의 표현력

초판 1쇄 인쇄 | 2018년 10월 15일
초판 1쇄 발행 | 2018년 10월 20일

지은이 | 코헨
옮긴이 | 하은지
펴낸이 | 박경준
펴낸곳 | 미래타임즈
기획경영 | 정서윤
책임주간 | 김연주
편집디자인 | 김원선
마케팅 | PAGEONE 강용구
마케팅지원 | 최문섭
홍보 | 김범식
물류지원 | 오경수

출판등록 | 2001년 7월 2일 (제01-00321호)
주소 | 서울특별시 마포구 동교로 12길 12
전화 | (02) 332-4337
팩스 | (02) 3141-4347
이메일 | itembooks@nate.com

**ISBN** 978-89-6578-136-3 (03370)
값 14,000원

이 도서의 국립중앙도서관 출판예정도서목록(CIP)은 서지정보유통지원시스템 홈페이지(seoji.nl.go.kr)와
국가자료공동목록시스템(www.nl.go.kr/kolisnet)에서 이용하실 수 있습니다.
(CIP 제어번호: CIP2018028762)

당신의 자녀를 '작은 외교관'으로 키우는 법

# 하버드에서 배우는
# 내 아이의
# 표현력

코헨 지음
하은지 옮김

《 전 세계 1억 명이 넘는 학부모가 선택한 책 》

하버드대 교육학의 새로운 이정표, 아이의 변화를 증명하다

"자기표현이 중요한 시대, 아이를 인재로 키워 내려는 모든 부모들의 필독서"
· 최효찬 자녀경영연구소장 ·

미래타임즈

# 들어가며

"아이가 친구들과 통 어울리질 못해요."

"한창 공부할 때인데 표현력이나 사교성까지 챙겨 줘야 할까요? 오히려 공부에 방해가 되진 않을지……."

특히 오늘날과 같은 시대에는 많은 부모들이 자녀가 친구들과 잘 어울리지 못한다며 걱정하곤 한다. 그러면서도 아이가 자신의 생각을 '표현'하고 '교류'하기보다 여전히 외부의 지식과 정보를 '흡수'하기만을 바라며, 감성보다는 이성 중심의 교육을 우선시한다.

하지만 아이가 똑똑하거나 실력이 특출하다고 해서 반드시 성공이 뒤따르지는 않는다. 모든 뛰어난 아이들이 세상이라는 무대에 자신의 꿈과 재능을 아낌없이 펼칠 수 있는 건 아닌 셈이다. 그 이유는 무엇일까? 바로 거기에는 타인과의 소통 능력이 바탕이 되어야 하기 때문이다.

사람은 자신의 생각과 감정을 표현하고 이를 서로 나누면서 인간관계를 형성해 가고, 자신을 향한 다른 사람의 요구와 평가를 이해한다. 또한 집단 내 규칙을 준수하는 법을 배우고 사회에 적응하는 능력을 키우며, 무리에 잘 섞이고 관용을 베푸는 법을 배워 나간다.

따라서 부모는 아이 내면의 '언어 감성'을 깨워 주어야 한다. 자신의 생각과 감정, 의견을 온전하면서도 매끄럽게 표현할 줄 알아야만 사람들과의 관계가 원활해진다. 더구나 대인 관계에 갈등이 발생하면 이는 일상생활뿐 아니라 학습 성취에도 부정적인 영향을 미친다. 타인과 잘 어울려 지낸다면 공부는 물론 또래와의 관계도 순조롭다.

빌 게이츠, 마크 저커버그, 버락 오바마 등 수십 명의 글로벌 CEO와 정치 지도자, 노벨상 수상자를 배출한 세계 최고의 명문 하버드. 이곳 출신의 리더들은 하나같이 자신의 생각을 막힘없이 표현할 줄 알고, 나아가 이를 타인과 나누며 긍정적인 영향력을 행사한다. 이들을 키워 낸 하버드의 교육학자들에 따르면, 이러한 표현력은 아이 스스로 계발하기는 어려우며 어릴 때부터 부모가 길러 주어야만 효과를 얻을 수 있다.

하버드의 교수이자 실용주의 철학자 윌리엄 제임스는 이렇게 말했다.

"생각이 바뀌면 행동이 바뀌고, 행동이 바뀌면 습관이 바뀌고, 습관이 바뀌면 인생이 바뀐다."

이에 지금부터 이 책에서 그 구체적인 방법들을 안내하려 한다. 10단계에 걸친 지침으로 자녀의 언어 감성을 차근차근 계발하고 표현력을 길러 준다면, 어느새 당신의 아이는 어디서든 환영받고 또 인정받는 '작은 외교관'이 되어 있을 것이다.

# 차례

들어가며 _ 4


STEP 1        마음의 문 열기

01. 대화가 소통을 이끈다 _ 13

02. 세상은 온실 바깥에 있다 _ 17

03. 아이와 함께 여행하라 _ 22

04. 놀이에도 방법이 있다 _ 26

05. 사교력 높이는 법 _ 30

06. 부모의 일터에 데려가라 _ 35

07. 친구들과의 만남은 사교의 장 _ 39


STEP 2        표현과 소통 시작하기

01. 순한 아이가 더 걱정스러운 이유 _ 49

02. 언어 능력은 모든 사교의 기본 _ 53

03. 수평적 분위기에서 대화가 싹튼다 _ 58

04. 때로는 듣는 것이 말하는 것보다 강하다 _ 64

05. 칭찬의 기술, 평생의 선물 _ 69


STEP 3        소통 능력 끌어올리기

01. 괴팍한 성격, 소통으로 고친다 _ 75

02. 부모의 말부터 바꿔라 _ 80

03. 무리 속에 섞이는 기술 _ 85

04. 부모, 아이의 청중이 되어라 _ 89

05. 대중 앞에 서게 하라 _ 94

06. 칭찬에도 학습이 필요하다 _ 100

07. 유머 감각, 성공을 부르는 열쇠 _ 104


STEP 4 　　　 예의와 예절 학습하기

01. 예의 바른 아이는 어디서나 환영받는다 _ 111

02. 웃는 얼굴은 최고의 명함 _ 116

03. 작은 호의가 큰 효과를 낳는다 _ 121

04. 예의, 남과 나를 동시에 존중하는 길 _ 125

05. 겸손해야 성장한다 _ 131

06. 유아독존 바로잡는 법 _ 137

07. 용서를 아는 아이가 건강하게 자란다 _ 143


STEP 5 　　　 사람들과 어울리기

01. 질문이 많은 아이는 아는 것도 많아진다 _ 151

02. 좋은 질문은 따로 있다 _ 155

03. 선생님의 꾸중은 애정의 증거 _ 159

04. 자기 생각과 의견 표현하기 _ 163

05. 상대에게 상처 주지 않는 거절의 기술 _ 167

06. 다른 사람을 칭찬하는 지혜 _ 171

07. 도움과 가르침을 청하기 _ 174

STEP 6      갈등 해결하기

01. 평정심을 유지할 것    _ 181

02. 분노를 다스리는 법    _ 184

03. 타인의 비판은 오히려 성장의 기회    _ 188

04. 상대방의 입장이 되어 보기    _ 192

05. 사과만 잘해도 관계가 회복된다    _ 196


STEP 7      감성지수 계발하기

01. 무리에서 겉돌지 않는 법    _ 203

02. 규칙을 통한 자기 제어    _ 208

03. 자기중심적 성격 바로잡는 법    _ 213

04. 양보와 이해가 행복을 가져온다    _ 217

05. 질투심에 대처하기    _ 222

06. 모든 사람은 존중받아야 한다    _ 225

07. 자기표현의 기회, 많을수록 좋다    _ 230


STEP 8      나눔 연습하기

01. 이기심, 대인 관계를 가로막는 장벽    _ 237

02. 배려와 나눔은 학습할 수 있다    _ 240

03. 내가 아닌 '남'을 바라보는 훈련    _ 244

04. 아이가 스스로 나누게 하라    _ 248

05. 나누는 기쁨, 가까운 곳에 있다    _ 252

06. 나눔은 성공의 기폭제    _ 256

STEP 9      자신감 충전하기

01. 사랑받는 아이는 자신감이 넘친다      _ 263

02. 세상 모든 아이는 유일무이한 존재      _ 267

03. 부모는 혼내는 방법도 현명해야 한다      _ 270

04. 격려와 응원이 잠재력을 깨운다      _ 274

05. 칭찬은 아이를 춤추게 한다      _ 278

06. 아이 스스로 장점을 발견하는 법      _ 282

07. '할 수 있다'고 말하면 정말로 할 수 있다      _ 287

08. 한 번의 실패는 아무것도 아니다      _ 291


STEP 10      원만한 성격 형성하기

01. 반항심 잠재우는 법      _ 297

02. 감정과 생각, 솔직하게 표현하기      _ 301

03. 진실함은 비범한 능력이다      _ 305

04. 책임감, 미래 인재의 필수 요건      _ 310

05. 욱하는 아이, 이렇게 가르쳐라      _ 314

06. 긍정적인 마음가짐은 몸과 마음의 자양분      _ 317

세계적인 영화감독이자 하버드대학교 명예 박사인
스티븐 스필버그는 "가장 위대한 업적은 '왜'라는
호기심에서 탄생한다. 마음속의 어린아이를
포기하지 마라"라고 말한 바 있다.
세상을 호기심 어린 눈으로 바라보기 위해서는 우선
열린 마음이 토대가 되어야 한다. 아이가 세상을
향해 걸어 나갈 수 있도록 손잡아 이끌어 주자.

**STEP**
**1**

마음의
문 열기

# 01

대화가 소통을 이끈다

하버드대학교 교육대학원 연구진은 부모와 자녀 사이의 대화와 교류가 서로 간에 친밀한 관계를 형성하는 데 매우 중요한 역할을 하며, 이 과정을 통해 양쪽 모두 끊임없이 성장할 수 있다고 말한다. 우리가 살고 있는 현대사회는 개방적인 교류 사회라고 해도 과언이 아니다. 국가 간의 접촉과 인터넷 상거래에서부터 정부와 기업의 대외적인 홍보 활동, 심지어 개인의 구직 활동에 이르기까지 모든 것이 교류와 소통을 통해 완성되기 때문이다.

따라서 향후 자녀가 사회에 진출해서 자신의 입지를 공고히 다질 수 있으려면, 부모는 평소 아이에게 타인 및 사회와 소통하는 능력을 의식적으로 길러 주어야 한다. 그렇지 않으면 아이는 훗날 일터에서 자신의 능력을 제대로 발휘하지 못한다.

열두 살 레베카는 학교에서 친구들을 괴롭히거나 싸움을 일으켜 시끄러운 문제를 만드는 경우가 많았다. 이 때문에 어머니가 학교에 여러 차례 불려 가 담임선생님과 상담을 해야 하곤 했다. 그러자 문제의 심각성을 깨달은 레베카의 아버지는 체벌을 이용해서라도 딸을 교육하겠다고 마음먹었고, 그 방법으로 딸에게 기마 자세를 시키기로 생각했다.

어느 날 외출하기 전 부부는 집 안에 있는 모든 물건들의 목록과 개수를 따로 기록해 놓은 후, 식탁 위 접시에 사탕 15개를 올려놓았다. 외출 후 집에 돌아온 부부는 사탕 3개가 없어진 사실을 발견하고 딸에게 물었다.

"레베카, 네가 이 사탕 먹었니?"

"아뇨."

거짓말하는 딸의 모습에 레베카의 아버지는 불같이 화를 내면서 아이에게 강제로 기마 자세를 하게 했다. 그날 밤 레베카는 부부가 자는 틈에 집을 나가 버렸다. 갖은 고생 끝에 부부가 딸을 찾아 집으로 데려왔지만, 레베카의 성격은 날이 갈수록 괴팍해질 뿐이었다.

당신 역시 자녀의 나쁜 습관을 고치겠다는 생각에 자신도 모르게 전혀 효과가 없거나 심지어 잘못된 방법을 택하지는 않는가? 하지만 이렇게 해서는 그 버릇이 고쳐지기는커녕 더욱 심각해진다.

사실 가정교육 중에 생겨나는 문제들은 대부분 부모에게 소통의 기술이 부족한 탓인 경우가 많다. '소통'이 아이의 성장에 얼마나 중요한지를 인식하고, 부모가 자녀와 평등한 위치를 유지하려고 노력해야 아이가 건강하게 자랄 수 있다. 올바르고 효과적인 방법으로 소통할 때 비로소 자녀에게 발생한 문제를 바로바로 발견하고 고쳐 주는 것이 가능하다.

이러한 부모와 자녀 간의 올바른 소통과 교류는 아이의 관찰력도 길러 준다. 단, 이때 대화의 주제는 여러 분야에 걸친 것이어야 하며, 부모가 자의적으로 주제를 한정 짓거나 이러쿵저러쿵 설교를 늘어놓아서는 안 된다. 아이가 자신의 주변에서 일어나는 일, 특히 학교에서 있었던 일에 관해 자연스럽게 말할 수 있도록 격려해 주자.

그러면 아이의 학교생활을 파악할 수 있는 것은 물론, '엄마(아빠)는 너의 생활이 궁금하단다'라는 표현을 전달함으로써 아이 자신의 관찰력까지 길러 줄 수 있다. 무릇 이야기에는 '소재'가 필요한 법인데, 이 소재란 바로 관찰과 정보 수집에서 비롯되기 때문이다.

부모가 관심을 보일수록 자녀는 더욱 무언가를 말하고 싶어 한다. 이 과정에서 아이는 주변을 관찰하는데, 그러면서 자신으로서는 이해가 되지 않는 일을 숱하게 발견하게 된다. 이때 부모가 궁금증을 적절하게 풀어 준다면 아이는 그에 대한 지식과 견문을 넓힐 수 있다. 다시 말해 소통과 교류로 주변 사물과 현상을 민감하게 관찰할 수 있으며, 상식의 중요성도 인식하게 되는 것이다.

뿐만 아니라 부모와 자녀 간의 활발한 소통과 교류는 아이의 언어적 표현 능력을 높여 준다. 표현력을 기르려면 무엇보다 '말을 많이 해야' 한다. 물론 대다수의 아이들은 '말이 많다'. 하지만 어순이 뒤죽박죽이거나 맥락과 의미가 없는 혼잣말인 경우가 적지 않다.

그러나 말을 '많이 하는 것', 또 '잘하는 것'은 결코 어려운 일이 아니다. 평소에도 아이는 부모와 대화하면서 이를 충분히 훈련할 수 있다. 예를 들어 아이가 어떤 일을 이야기하고 있다고 가정해 보자. 이때 부모는 육하원칙에 따라 말하도록 이끌어 주거나 고사성어와 속담, 관용구 등을 적절히 섞어 간단명료하게 말할 수 있게 도와주면 된다. 틀린 용법은 바로바로 고쳐 주기도 하면서 말이다.

소통은 타인을 알아 가고 사회를 이해하는 매개체이자, 자신을 드러내고 표현하는 창구의 기능을 한다. 따라서 타인과 잘 소통하는 아이는 우리 사회, 또 시대와 조화를 이루면서 자신의 인생을 개척해 성공으로 나아갈 수 있다.

# 02

세상은 온실 바깥에 있다

**아이를 돌볼 시간이 없으면서도 '우리 애가 밖에서 다치지는 않을까',** '괜히 나가서 나쁜 영향을 받는 게 아닐까' 하는 마음에, 혹은 이런 저런 다른 이유로 자녀를 집 안에만 두는 부모들이 있다. 하지만 이런 양육법은 궁극적으로 아이에게 상당히 해롭다.

맨디의 가족들은 아이가 다치거나 아플까 봐 걱정되어 평소 밖에 잘 데리고 나가지 않았다. 그래서인지 맨디는 온순한 성격이지만 어딘가 괴팍한 구석이 있고 소심한 편이었다. 집에서는 가족들과 재미있는 이야기를 하면서 큰 소리로 웃기도 하고 어른들을 돕겠다며 집안일도 종종 해내는 적극적인 아이였지만, 낯선 손님이 집에 오는 날이면 잔뜩 긴장해서는 자기 방에 숨어 절대 나오지 않았다.

시간이 흘러 맨디는 유치원을 다닐 나이가 되었다. 등원하기 싫어하는 딸을 온 가족이 달래고 달래 어렵사리 보냈는데, 유치원에 도착하기만 하면 맨디는 고래고래 소리를 지르며 대성통곡을 하곤 했다. 심지어 유치원에 있으면서는 종일 아무것도 먹지도 마시지도 않고 구석에 숨어 앉아서 혼자 시간을 보냈다.

맨디처럼 괴팍하고 소심한 성격에, 집에만 있고 싶어 하고 친구들과 어울리기 싫어하는 등 낯선 환경을 싫어하는 것은 일종의 심리적 문제다. 하버드대학교의 교육심리학자들은 이러한 행위를 아동의 사회적 위축(social withdrawal)이라고 정의한다. 이는 주로 아동기에 나타나는 부적응 행동 중 하나이며, 구체적인 예로는 다른 아이들과 어울리지 못하는 것, 자기 의사를 잘 표현하지 못하는 것, 자신의 권리를 지키지 못하는 것 등을 들 수 있다.

그런데 적지 않은 부모들이 자녀를 집 안에만 두고 일거수일투족을 감시하려 한다. 이런 환경에 놓인 아이는 누군가를 사귀고 상대방과 교류하며 협력하는 법을 모르는 사람으로 자라날 수밖에 없다. 사회의 현실과 완전히 격리되어 버리는 것이다. 이로 말미암아 다양한 문제들이 발생하는데, 주로 다음과 같은 것들을 꼽을 수 있다.

## (1) 심리 건강 저해

종일 집 안에서만 생활하게 하면 아이는 그 환경에만 익숙해지고 새로운 자극이 없는 상태가 된다. 따라서 삶의 활기를 잃고 외로움을 느끼거나, 제멋대로인 아이 또는 외부의 자극에 반응이 느린 아이로 자랄 수 있다. 또 '나'만 중요시하는 이기적인 성격과 나쁜 습관이 형성될 수도 있다. 이처럼 오랜 시간 단체나 집단에서 격리된 채로 자라게 되면, 원만한 성격을 형성하기 어렵고 사교 능력에도 부정적인 영향을 미친다.

## (2) 신체 건강 약화

아이를 집 안에만 있게 하는 것은 자녀가 바깥에서 뛰어놀며 신체를 단련할 기회를 앗아 가는 행위나 다름없다. 성장기에 있는 아이가 운동으로 신체를 충분히 단련하지 못하면 제대로 자라지도 못할 뿐더러 자주 아프거나 질병에 걸리기 쉽다.

## (3) 지적 능력 저하

또래 친구들과 함께 게임을 하거나 공부를 하다 보면 관찰력과 기억력, 사고력과 분석력, 그리고 문제를 해결하는 능력이 강해진다. 반면에 집 안에만 틀어박혀 있으면 아이는 '바보'가 되어 버린다. 지적 능력을 키울 기반이 없기 때문이다.

여러 연구 결과에 따르면, 개성이 뚜렷하고 활동적이며 잘 노는 아이들은 주변 사람들을 덜 힘들게 하지만, 부모가 뭐든 대신 처리해 주고 '오냐오냐' 키운 아이들은 외부 세계와 소통하는 법을 몰라 부모에 대한 의존도가 강하고 자기만의 울타리 밖으로 나오지 않으려 한다. 그리고 이렇게 부모를 의존하던 심리는 나이가 들면서 점점 나약하고 괴팍한 성격으로 변한다.

부모는 아이가 잘못된 행동을 보일 때 즉시 고쳐 주어야 하며, 자신만의 울타리를 벗어날 수 있도록 손을 내밀어야 한다. 자녀가 사회 활동에 참여해 다양한 것을 체험하고, 또 비교하며, 스스로 무언가를 선택할 기회를 주는 것이 바로 부모가 할 일이 아닐까?

설령 이 과정에서 아이가 실패를 맛보더라도 그 또한 값진 열매일 것이다. 세상을 살아가는 법과 타인에게 예의를 갖추는 법, 사람들과 소통하는 법과 교양 있는 어휘를 사용하는 것 등은 모두 아이가 직접 부딪쳐 보면서 체득해야만 한다. 사람은 사회적인 존재다. 우리가 살아가는 이 사회가 아무리 복잡하고 그 안에 수많은 좌절이 존재한다고 해도, 사람은 세상으로 나가야만 한다.

좌절 없는 인생은 절대 아름다운 인생이 아니다. 그러므로 아이가 일찌감치 사회를 경험하고 세상의 진면모를 알 수 있도록 해 주자. 비록 도중에 절망하고 주저앉더라도 그 과정을 딛고 일어서면 더욱 아름답고 건강한 사람으로 성장할 수 있다. 사회 속에서 자신의 능력을 시험해 보지 않는다면, 아이는 스스로를 정확하게 인식하지 못하며 결코 깊이 있는 개인으로 성장할 수 없다.

실제로 사춘기가 되면 아이들은 독립심이 더욱 강해지면서 누군가의 속박에서 벗어나려 한다. 때로는 일부러 부모의 뜻을 거스르면서 자신의 개성과 생각, 능력을 보여 주려 하고, 심하게는 가출을 하는 경우도 있다. 이는 부모가 만들어 준 편안한 그늘에서 벗어나 좁은 집 안이 아닌 보다 넓은 사회로 나가고 싶다는 욕망이 강하게 표출된 행동들이다.

물론 사회에 나가기 전에 아이들은 반드시 적절한 준비와 훈련을 거쳐야 한다. 비유하자면 실내에서만 키우던 야생동물을 자연으로 방생하기 위해서는 그에 맞는 사전 훈련이 필요하다. 이 과정 없이 자유를 누리도록 풀어주기만 한다면 생명 자체가 위태로워진다.

아이들도 마찬가지다. 섣불리 세상으로 나갔다가는 이리저리 치여 상처투성이가 되고, 이 때문에 사회를 비관적으로만 바라보게 될 수도 있다. 자유를 주는 것은 바람직하지만 이런 무책임한 방식은 아이의 성장과 인생에 전혀 도움이 되지 않는 것이다. 따라서 자녀가 어릴 때부터 차근차근 사회를 접하고 사람들과 교류하며 세상을 알아 갈 기회를 마련해 주자.

# 03

아이와 함께 여행하라

<u>어린 시절 피터의 가족은 주말이면 늘 여행을 다녔다.</u> 그런데 여행이 시작되면 이 집 아이들은 항상 '과제'를 해결해야 했다.

"피터, 오늘은 네가 저기로 가서 객실을 예약해 볼래?"

아이들은 누구나 이 테스트를 통과해야만 했다. 그날은 피터의 차례였다. 일단 호텔에 도착하자 피터는 여행 가방을 엄마에게 넘겨주고 로비의 프런트 데스크로 향했다. 피터의 엄마가 내준 숙제는 아들이 프런트 데스크에 있는 안내 직원과 이야기해서 객실을 예약하는 것이었다.

사실 아이들은 낯선 어른과 단독으로 대면하고 대화하려면 큰 용기가 필요하다. 피터 역시 직원을 향해 걸어가면서도 계속 고개를 돌려 뒤쪽 로비에 서 있는 엄마를 돌아보았다. 얼굴에는 불안한 기색이 역력했다. 하지만 엄마는 도와줄 생각이 없어 보였고 그저 다정한 눈빛으로 응원만 보내고 있었다.

"무엇을 도와드릴까요?"

로비 뒤쪽만 계속 힐끔거리며 쭈뼛대는 피터를 보고 의도를 알아차린 호텔 직원이 먼저 그에게 다가와 물었다. 얼굴에 웃음 가득한 직원을 보고 긴장이 조금 풀린 피터는 더듬거리며 말을 하기 시작했다. 대화가 끝난 후 객실을 예약해 준 직원은 그를 방까지 안내해 주었다. 몇 분 뒤, 빨갛게 상기된 얼굴의 피터가 엄마에게 뛰어왔다.

"엄마! 제가 객실을 예약했어요. 공원이 보이는 방이에요!"

피터의 엄마는 이처럼 자신의 아이들에게 낯선 어른과 이야기를 하도록 미션을 주곤 했다. 처음에는 어쩔 줄 몰라 했던 아이들도 시간이 지나자 두려운 마음을 조금씩 극복해 나갔다. 나중에는 낯선 사람과도 대담하게 얘기를 나누고 농담을 주고받기도 했다.


여행은 아이들의 몸과 마음에 휴식을 주며, 지식과 견문을 넓혀 줄 뿐 아니라 정신 및 신체 건강에도 도움이 된다. 아이가 여러 가지를 체험해 보고 스스로 지식을 쌓기에도 좋은 기회이다. 게다가 부모와 자녀 사이의 대화도 자연히 많아지니 이보다 좋은 방법이 또 있을까?

하지만 미디어와 기술이 나날이 발전하면서, 여기에 중독되다시피 해 집에만 묶여 있는 아이들이 늘어나고 있다. 오랜 시간 이런 현상이 지속된다면 아이들에게는 다양한 교통수단이나 낯선 사람, 그리고 자연환경을 꺼리고 두려워하는 자연현상 결핍증이 나타난다. 그 대신 텔레비전 프로그램과 같은 미디어 속의 허구 세계에만 빠져지낼 가능성이 크다.

이 증상이 초래하는 가장 심각한 문제는 바로 집중력 저하다. 수업 시간에 학습 내용에 제대로 집중하지 못하는 것은 물론이고 주어진 과제를 완성하지 못하는 등의 행동으로 이어진다. 이는 나아가 아이의 폭력성과 반사회적 행동까지 부추긴다. 따라서 하버드대학교 교육대학원의 전문가들은 아이들이 야외 활동에 적극적으로 참여할 수 있도록 독려해 줄 것을 강조한다.

여행은 아이의 지식을 넓히고 심신의 안정을 선물해 준다. 부모가 적절하게 지도해 주면 아이들은 산과 들과 바다를 마주하며 그 아름다움을 만끽하고 대자연의 신비를 느낄 수 있다. 또한 현지의 풍토와 그곳 사람들의 특색, 또한 각기 다른 도시의 정서를 경험하고 오늘날 과학기술의 우수함 등도 깨달을 수 있다. 이를 통해 아이는 품위 있고 고상한 정서를 지닌 사람으로 성장할 것이다.

그 외에도 여행은 아이가 인간관계를 배워 나가는 데에 상당한 도움을 준다. 여행을 통해 아이는 다른 사람과 어울릴 기회가 생기면서 인간관계를 맺고 유지하는 올바른 방법을 알아 간다. 아울러 여행을 하는 동안 부모의 끝없는 관심과 보호를 받기 때문에 자신만의 방식으로 부모에게 효도하고 보답하는 법도 배우게 된다.

사실 아이와 함께 여행을 떠나는 일은 기쁨과 슬픔, 아름다움과 추함이 한데 뒤섞여 있는 이 사회의 '실험실'로 들어가는 것과 같다. 그 실험실 곳곳에서 아이들은 인생의 희로애락과 살아갈 가치, 아름다움 및 추악함 등과 계속해서 부딪히고 또 생각하게 된다. 이러한 여행을 통해 부모는 아이에게 자연의 위대함을 전해 주고 즐거운 추억을 만들어 주는 동시에, 세상에 대한 관찰과 이해로 옳고 그름에 대한 아이의 판단력을 키워 전체적인 소양을 높여 줄 수 있다.

그러므로 기회가 된다면 꼭 아이와 함께 여행을 떠나자. 찬란한 태양과 신비한 자연을 아이가 마음껏 느끼도록 해 주자. 당신의 자녀는 분명 한층 더 성장하고 귀한 수확을 일궈 낼 것이다.

# 04

놀이에도 방법이 있다

<u>당신의 어린 시절을 떠올려 보자. 그때의 아이들은 날아가는 새와 구</u>
<u>름을 쫓아다니고 넓은 들판을 뛰어다니며 바람과 구름을 벗 삼아 놀</u>
<u>기를 좋아했다.</u> 하지만 지금은 그런 아이들을 찾아보기 어렵다. 대신
에 순수함을 잃어버린 채 꿈도 추억도 없이 살아가는 경우를 쉽게
볼 수 있다.

　이런 아이들의 눈에는 생기가 없고, 각자의 마음에는 무거운 짐
과 스트레스가 가득하다. 우리는 이런 상황을 진지하게 들여다보면

서 마음 아파해야 한다.

한 노인이 선생님에게 말했다.

"저는 손주 하나를 둔 할아버지입니다. 그런데 제가 요새 저의 딸과 마찰이 많습니다. 딸이 손주를 너무 힘들게 하는 것 같아서요. 손주에게는 과외 선생님이 4명이나 됩니다. 주말에도 스케줄이 꽉 차 있어요. 딸은 이렇게라도 하지 않으면 손주가 낙오될 거라더군요. 이게 모두 경쟁이라나요. 자기는 아이를 출발선에서부터 뒤처지게 하고 싶지 않답니다."

그는 도저히 이해할 수 없다는 표정으로 한숨을 크게 쉬었다.

매우 안타까운 현실이지만, 실제로 많은 부모들이 자녀가 다른 아이들에게 뒤처지는 걸 원치 않아 일찍부터 아이의 인생을 계획하고 그대로 움직이게 하고 있다. 즐거움과 행복, 자유로운 어린 시절이 사라진 아이들은 자신의 작은 공간 안에만 갇혀 타인과 소통하기를 꺼린다. 자연스럽게 '자폐' 성향을 보이는 아이들도 증가하는 추세다.

아이들이 놀 수 있도록 허락하는 부모도 있다. 하지만 그 역시 대부분은 공부와 학습을 전제로 한다. 즉, 노는 것이 공부에 유익하면 허락하지만 그렇지 않으면 학습에 지장을 준다는 이유로 아이의 선택을 제한해 버리는 것이다. 이런 기준하에 외국어나 미술, 악기 등만 열심히 배우게 한다. 어른들의 눈에는 이런 활동들만이 공부에 도움이 된다고 보기 때문이다.

물론 부모는 보호자로서 자녀를 교육하고 성장을 이끌어 줄 의무와 책임이 있다. 그런데 '노는' 방면에서 부모의 주된 책임이라 하면, 그것은 제한이나 감시가 아니라 적절한 지도와 도움을 주는 쪽이어야 한다. 그렇다면 어떻게 아이가 잘 놀 수 있도록 도와줄 수 있을까? 하버드대학교의 교육 전문가들은 다음과 같은 방법을 추천한다.

### (1) 아이의 관심사를 이해하라

아이가 어디에 관심이 있고 무엇에 흥미를 느끼는지는 자주 대화를 나눠 보면 알 수 있다. 우선 아이를 이해해야 진정한 도움을 줄 수 있다는 사실을 기억하자.

### (2) 부모가 함께 놀아 주어라

'노는 것은 아이의 권리'라는 개념을 진정으로 받아들였다면, 이제 부모가 아이와 함께 놀아 주어야 한다. 단, 이 과정에서 절대로 아이를 가르치려고 해선 안 된다. 노는 시간에는 그저 노는 것 자체에 집중하자. 또한 아이 나름의 방식이나 태도를 답답해하는 시선으로 바라보는 것도 금물이다.

### (3) 놀이 속에서 자연스럽게 도움을 주어라

자녀와 함께 노는 시간 동안 부모는 충분히 적절한 도움을 줄 수 있다. 예를 들어 같이 게임을 할 경우 아이는 목표를 향한 인내심과 상대에 대한 배려심을 배워 나갈 수 있으며, 승리를 통해 자신감도 경험할 수 있다. 그 밖에 아이에게 직접 게임의 룰을 설명하게 하는 방식 등으로 표현력을 길러 주는 것도 가능하다.

### (4) 또래 아이들과 어울려 놀게 하라

사실 부모가 매일같이 아이와 온종일 시간을 보내기란 어렵다. 게다가 아이들은 바깥으로 나가 더 많은 친구들과 더 넓은 세상도 접해 보아야 한다. 따라서 부모는 아이가 밖에서 다른 사람들과 잘 어울릴 수 있도록 적극적으로 독려해 줄 필요가 있다. 이 과정을 통해 아이는 심신이 편안해지고 지식이 함양되며, 사람을 사귀는 방법 및 돌발 사건을 해결하는 법 등을 익힐 수 있다.

### (5) 놀이의 규칙을 명확히 알려 주어라

아이에게 놀 권리를 보장해 주라는 말은 그렇다고 해서 아이가 노는 방식과 그 내용까지 완전히 방임하라는 뜻이 아니다. 대화를 통해 아이에게 외부 세계는 어떤 곳인지, 무엇을 하고 놀면 되는지, 어떤 것은 안 했으면 좋겠는지, 또 어떤 것은 해서는 안 되는지 알려 주자. 이처럼 아이가 놀 때는 일종의 규칙을 알려 주고 이를 준수하도록 해야 한다.

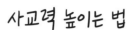

# 05

사교력 높이는 법

"우리 애는 평소 집에서는 활발한데 밖에만 나가면 낯을 가리고 쑥스러움을 타요. 친구들과 어울려 놀지도 않고 엄마 옆에만 꼭 붙어 있어서 걱정이 커요. 어떻게 하면 고칠 수 있을까요?"

자녀의 이런 모습 때문에 고민하는 부모가 적지 않다. 친구들과 어울려 놀지 못하는 아이는 대체로 사회적인 교제 기술이 부족한 경우가 많은데, 최근 이 같은 문제가 나날이 심각해지고 있다.

세계가 하나 된 지금 시대에 우리는 주로 인터넷을 통해 사람들을 사귀고 교제한다. 그런데 이러한 교제 방식의 변화가 아이들에게 부정적인 영향을 끼치고 있다. 또래 집단이나 친구들과 어울릴 시간이 줄어들고 사회적 경험과 관계를 단련할 기회가 부족하다 보니 사람을 사귀고 교제하는 법을 제대로 알지 못한다. 이런 사회적 구조 속에서 살아가는 아이들에게는 자기중심적인 사고가 뿌리 깊이 형성될 수밖에 없고, 이는 아이의 일생 전체에 큰 영향을 미친다.

그렇다면 어떤 방법으로 아이들의 사교 능력을 키워 줄 수 있을까? 부모가 주목해야 할 사항들은 다음과 같이 정리해 볼 수 있다.

## (1) 사교 기회를 충분히 마련해 주어라

부모는 아이에게 사람을 사귈 기회를 만들어 주어야 한다. 자녀가 다양한 커뮤니티에 참여하도록 유도해 밖으로 나갈 수 있게 하고, 부모 역시 사회 활동에 함께 참여해 보는 것이 좋다.

평소 외출할 때에도 아이를 종종 데려가자. 일부러 무언가를 알려 주려 하지 않아도 아이는 스스로 사교와 관련된 기술을 터득할 것이다. 부모의 사교 경험과 일상에서 타인을 대하는 모습을 보여 줌으로써 아이는 자연스럽게 사교의 기술을 익혀 나갈 수 있다.

"날씨만 나쁘지 않으면 거의 매일같이 아이와 산책하러 가거나 놀러 나가요. 새로운 사물을 자주 보여 주고 낯선 사람을 많이 만나 보게 하려고요. 처음에는 낯설어하고 무서워했지만 시간이 지나니 좋아지더라고요."

이는 한 어머니가 들려준 경험담이다. 그녀의 아이는 말수가 없는 내성적인 아이였는데, 부모의 노력 덕분에 지금은 주변에 친구들이 매우 많아졌다고 한다.

## (2) 자녀와 함께하는 교내 활동에 적극 참여하라

자녀와 부모가 같이하는 활동에 자주 참여하자. 이 과정에서 아이는 참여 의식을 기를 수 있을 뿐 아니라, 또래 친구들과의 사교 범위가 늘어나면서 낯선 환경과 낯선 사람을 대하는 법을 배울 수 있다.

## (3) 작은 부분부터 알려 주어라

아주 사소한 부분부터 시작해 아이에게 교제의 기술이나 방식을 가르쳐 주자. 예를 들어 아이가 친구에게 말을 걸 때 "우리 같이 놀까?", "우리 같이 게임할까?"라고 할 수 있도록 가르치는 것이다. 아이들도 거칠고 폭력적인 친구보다는 예의 바른 친구를 좋아한다.

친구를 사귈 때 타인의 자유를 침해하지 말아야 한다는 사실도 알려 줄 필요가 있다. 다른 사람의 물건을 함부로 가져오거나 망가뜨려서는 안 되며, 친구의 장난감을 가지고 놀 때는 반드시 먼저 허락을 받아야 한다는 등의 매우 기본적인 예절도 가르치자. 말로만 훈계하지 말고, 부모가 평소 집에서도 아이가 하는 게임이나 놀이에

지나치게 간섭하지 않고 자녀를 존중해 주자. 아이 역시 다른 사람을 존중하는 법을 자연스럽게 배울 것이다.

## (4) 역할극 놀이를 해 보라

동물이나 인형 등으로 상황을 설정해 아이와 역할극을 해 보는 것도 좋은 방법이다. 이를 통해 사람을 사귀는 기술을 알려 주고, 대인 관계 안에서 일어나는 문제를 해결하는 법을 가르칠 수 있다.

학교를 마치고 돌아온 조지는 오늘 평소와 조금 다른 모습이었다. 원래는 아주 신나는 얼굴로 문을 박차고 뛰어 들어오거나 "엄마, 배고파요! 뭐 먹을 거 없어요?" 하고 외치곤 했지만 오늘은 무슨 일인지 고개를 푹 숙이고 풀이 죽은 상태였다. 이를 본 조지의 엄마는 아들이 학교에서 별로 좋지 않은 일이 있었다는 사실을 한눈에 알아챘다. 그녀는 조지가 아끼는 인형을 가져와서는 인형이 물어보는 것처럼 목소리를 바꾼 채 말을 걸기 시작했다.

"안녕, 조지? 오늘 학교에서 누구랑 싸운 거야?"

"아니, 그게 아니야. 오늘 그 개구리는 진짜로 잭이 풀어놓은 건데 제니는 계속 내가 했다고 그랬어. 앞으로 나랑 안 놀 거래."

사건의 자초지종을 알게 된 엄마는 조지에게 당시 상황을 재현해 보라고 다독였다. 대신 아들에게는 '제니' 역할을 맡겼고 자신은 '조지' 역할을 했다. 아들은 소스라치게 놀란 표정을 지으며 소리를 질렀다. 조지는 자신의 연기가 우스꽝스럽다는 생각을 하면서도 당시 제니의 심정을 이해했다. 그래서 자신에게 화를 낸 제니를 용서하게 되었고, 다음 날 학교에 가면 어떻게 된 일이었는지 제니에게 차근차근 잘 설명해 줘야겠다고 생각했다.

위와 같은 교육 방식은 효과가 매우 탁월하다. 시간을 내서 아이와 이러한 역할극 놀이를 해 보자. 이때 아이에게 자신이 아닌 다른 사람의 역할을 하게 하면서 부모가 함께 참여하면, 아이는 다른 사람의 생각을 더 잘 이해하게 되고 인간관계에서도 보다 적극적인 위치에 설 수 있다.

물론 부모는 상황에 따라 적절한 지혜를 발휘해야 한다. 예를 들어, 아이가 다른 아이들과 어울리기를 꺼리는데 부모가 친구들과 섞여 놀도록 강요해서는 안 된다. 아이가 부끄러움을 많이 타는 성격인 경우 일대일로 교제할 수 있는 자리를 만들어 주자. 또 낯선 어른과 대화하는 것을 싫어하는 아이에게 이를 강요하면 아이는 공포심만 더 커질 수 있으니 유의해야 한다. 손님 앞에서 노래하고 춤추는 것을 싫어하는데 억지로 시킨다면, 아이 입장에서는 긴장감만 강화되어 이후 더 심각한 거절과 침묵으로 대응할 수도 있기 때문이다.

# 06

부모의 일터에 데려가라

대인 관계에 교육에서 부모가 아이에게 가장 먼저 해 주어야 할 일은
교제와 연관된 긍정적 감정과 체험을 선물해 주는 것이다. 다시 말해
사람을 사귀는 것에 대한 긴장감과 공포심, 또 상대와의 관계에서
생길지 모르는 오해 등을 없애는 것이다.

세계보건기구(WHO)에 따르면, '건강'에는 신체적인 건강뿐 아니
라 심리적인 건강도 포함되며 심리적인 건강 상태는 아이의 사회적
적응 능력을 결정하는 데 상당 부분을 차지한다. 그리고 이러한 사

회적 적응력은 많은 부분 '사교 능력'에 좌우된다.

사교 능력이란 사람과 사람 사이에 발생하는 관계에서 정보의 소통과 교류, 이해와 조율의 행위, 그리고 상호 관계를 처리하는 능력 등을 가리킨다. 그중에서도 나와 외부 세계의 관계를 처리하는 것이 주가 되는데, 이는 오늘날은 물론 미래 사회의 인재가 지녀야 할 핵심 소양이기도 하다.

인간관계는 양자 간 혹은 다자간의 교류와 감정 표현 등을 포함한다. 좋은 인간관계는 교제하는 사람들 사이에 즐거운 감정적 교류와 건강함이 있어야만 이루어질 수 있다. 마찬가지로 부모의 일터를 자녀에게 구경시켜 주면, 아이는 부모의 생활은 물론 그 노고와 열정을 스스로 깨닫게 된다.

많은 부모들이 매일 아침 아이에게 "회사 다녀올게"라고 이야기하고 출근한다. 그리고 매달 꼬박꼬박 월급을 받아 온다.

그러나 아이는 이 '월급'이라는 것이 도대체 어떤 의미이고 개념인지 잘 알지 못한다. 그저 아빠와 엄마의 월급으로 자신이 좋아하는 장난감을 살 수 있어서, 즉 자신을 만족시켜 주기 때문에 월급을 좋은 것이라고만 막연히 느낄 뿐이다. 그래서 대다수 아이들은 돈이라는 물질적 의미에만 집중하고 그 뒤에 숨겨져 있는 부모의 노고와 헌신은 잘 보지 못한다.

그러므로 기회가 된다면 부모의 일터에 아이를 데려가 보자. 일하는 부모의 모습을 보여 주는 것은 당신의 생각보다 훨씬 더 값진 교육이 될 것이다.

한 남자아이가 아버지에게 말했다.

"제 친구들은 다 스마트폰 있어요. 저도 최신형으로 사 줘요!"

아들의 말을 들은 아버지는 하루 시간을 내어서 아내가 일하는 공장에 아들을 데려갔다. 엄마가 돈을 벌기 위해 얼마나 고생하는지 아들에게 보여 주기 위함이었다.

공장을 다녀온 후 그가 아들에게 물었다.

"엄마가 일하는 모습을 보니 어떠냐? 정말 힘들게 일하시지?"

아들은 아무런 말을 하지 않은 채 고개만 끄덕였다. 많은 것을 깨달은 얼굴이었다.


설령 경제적으로 어려움이 없는 부모일지라도 자녀에게 위와 같은 교육 방법을 사용해 볼 것을 권한다. 평생 아이가 돈 걱정 없이 살게 해 줄 수는 있을지 몰라도, 그 돈이 부모에게 감사하는 마음까지 함께 가져다주진 않기 때문이다.

아이의 사교 능력은 사람들과 실제로 교제하는 과정에서 길러진다. 따라서 부모는 모든 기회를 활용해 아이가 자신의 교제 범위를 넓혀 가도록 전방위적으로 도움을 주어야 한다. 가령 또래 친구들이 아닌 다른 연령대의 사람들을 만나 보게 한다든가, 부모의 회사 동료들을 소개해 주는 것이다. 혹은 아이와 함께 우체국이나 백화점, 농수산물 시장 등 여러 곳을 방문해 다양한 시도를 해 보고 추억을 남기는 것도 좋다.

또한 부모는 아이가 어떤 사람들과 교제하거나 어울리고 싶은지 자기 의견을 적극적으로 이야기하게끔 독려할 필요가 있다. 그리고 여러 환경 속에서 자신의 능력을 발휘할 수 있게 도와주어야 한다. 이를 통해 아이는 친화력을 높이고 사리를 분별함으로써 훗날 사회 속으로 들어가 빛을 발할 것이다.

결론적으로 대인 관계 능력은 사람을 사귀는 과정에서 길러지는 것으로, 아이는 여러 유형의 사람을 만나고 사귀는 과정을 통해 사람과 일을 대하고 처리하는 태도를 조금씩 배워 나간다. 이렇게 아이가 사교적인 기술을 익히도록 부모가 이끌어 주면 사회성이 눈에 띄게 향상된다. 그러니 당신이 오늘도 열심히 일하는 곳에 자녀를 데려가자. 아이는 자신만의 세계에서 벗어나 사회에 좀 더 빨리 적응하고 사람들과 즐겁게 협력하는 법을 배워, 건강한 심리와 인격을 지닌 사람으로 성장할 것이다.

# 07

## 친구들과의 만남은 사교의 장

**당신의 자녀는 평소 어떤 아이들과 가깝게 지내는가?** 어른과 마찬가지로 아이들 역시 자기 기호에 따라 친구를 사귄다. 또한 대부분 자신과 같은 나이의 또래 친구와 어울린다.

그런데 많은 부모들은 자신의 아이가 친구들과 지내면서 혹시라도 손해를 보는 것은 아닌지, 또는 소위 '질 나쁜' 친구를 사귀는 것은 아닌지 걱정하며 공부 잘하는 친구하고만 어울려 놀기를 바란다. 하지만 사실 아이의 성적은 사귀는 친구가 누구인가와는 별개다.

물론 약간의 영향을 받기도 하지만, 성적은 단순히 그 이유 하나만으로 떨어지거나 올라가지 않는다. 그러므로 부모는 지나치게 걱정할 필요가 없다. 과도한 걱정은 오히려 아이의 학교생활에 나쁜 영향을 줄 뿐이다.

소피는 평소 다른 친구들이 서로의 집에 놀러 가거나 초대하는 것을 부러워했다. 자신도 친구들을 집으로 불러 함께 놀고 싶었지만 쉽게 그럴 수가 없었다.

어느 여름날 소피는 친구 7명을 집으로 불러 함께 숙제를 하고 게임을 하며 시간을 보냈다. 그녀의 부모는 아무런 말이 없었다. 그러나 친구들이 모두 돌아가고 나자 딸을 불러 혼을 내기 시작했다.

"네 친구들은 어쩌면 그렇게 예의가 없니? 남의 집 물건을 이것저것 함부로 만지질 않나, 이 방 저 방을 기웃거리지를 않나. 교양이라고는 눈곱만큼도 없잖아!"

게다가 피아노를 치지 못하는 한 아이가 건반을 아무렇게나 눌러 대던 것을 콕 집어 이야기하기도 했다.

"그 비싼 물건을 망가뜨리기라도 하면 어쩔 거야? 걔네 부모가 물어 주기라도 한다니?"

이 일이 있고 난 후 소피는 다시는 친구들을 집에 데려올 엄두를 내지 못했다. 물론 자신도 다른 친구의 집에 놀러 가길 꺼렸다. 결국 친구들과 멀어진 소피는 의기소침하게 하루하루를 보내야만 했다.

최근 UN 관련 기관에서는 20여 개국 아이들 10만 명을 대상으로 평소 부모의 말과 행동을 어떻게 생각하는지에 관한 조사를 진행했다. 그 결과 아이들이 부모에 대해 가장 두려워하는 것 중 하나가 '부모님이 나의 친구를 싫어하는 것'이었다.

하버드대학교의 교육 전문가들은 부모의 이러한 언행이 아이에게 부정적인 영향을 미칠 따름이라고 말한다. 아이들은 언젠가 사회로 나가 독립적으로 생활해야 한다. 사회에서 살아남고 커 나가기 위해서는 다양한 사람들과 사귀고 협력해야 한다. 옳고 그름에 관한 인식 역시 실제로 사람을 사귀는 과정에서 천천히 확립된다. 즉 아이는 친구들과 어울리면서 여러 문제와 상황을 마주하는데, 이 과정에서 문제를 해결할 방법을 탐색하면서 자기를 돌아보고 타인과의 관계를 조율하는 법을 배우는 것이다.

그러므로 아이가 자신과 다른 성격의 친구들도 사귀어 볼 수 있도록 독려해 주자. 이를 통해 아이는 상황 분석력과 언어 표현력, 자아 판단 능력 등을 기를 수 있다. 게다가 자기만의 취미도 발견할 수 있을 것이다.

사회가 발전하면서 오히려 사람들 사이의 관계는 더욱 긴밀해졌다. 이 가운데 사람을 사귀는 능력은 우리가 세상에서 살아남는 데에 매우 중요한 요소가 되었고, 심지어 한 사람의 성공을 판가름하는 핵심이 되었다.

아이가 어릴 때부터 자신과 '다른' 사람과 어울리고 여러 유형의 친구를 사귈 수 있도록 해 주는 것은 그래서 매우 중요하다. 단, 아이가 사람들을 사귀려 할 때 부모는 다음과 같은 몇 가지에 주의할 필요가 있다.

### (1) 협동심을 키워 주어라

아이가 새로운 친구를 사귈 때, 함께 힘을 합쳐서 상황의 어려움을 이겨 내는 게임을 해 보도록 도와주자. 이를 통해 아이는 새로운 친구와 협력하려는 의지가 생기고, 스스로 상대방과 조금 더 친밀하게 교제하려는 마음이 커진다.

대인 관계에서 아이의 협동심을 길러 주는 것은 매우 중요하다. 아이는 언젠가는 부모의 보호에서 벗어나 사회와 집단 안에 들어가야 하기 때문이다. 그리고 아이가 이러한 사회와 자신이 속한 집단 내에서 인정받을 수 있는가는 다른 사람들과의 관계가 화목한지, 또 즐겁게 협력하려 하는지에 달려 있다.

며칠 후면 생일을 맞게 된 헤밍웨이는 친한 친구 몇 명을 불러 생일 파티를 하고 싶었다. 그래서 이를 부모님께 말씀드렸고 흔쾌히 허락을 받았다. 파티 준비를 위해 가족들은 역할을 분담해 힘을 모으기로 했다. 아버지는 생일 케이크를 마련하고, 어머니는 음식을, 헤밍웨이는 방 꾸미기와 꽃 구입을 담당하기로 했다.

하지만 헤밍웨이는 날짜가 다가오는데도 자신의 역할은 잊은 채 노는 데에만 정신이 팔려 있었다. 어머니는 아들에게 미리미리 파티 준비를 해야 한다며 재촉했지만, 아버지는 이번 기회에 아들이 깨닫는 게 있을 것이라며 아내를 말렸다.

드디어 생일이 되었다. 아버지는 케이크를 사 왔고 어머니는 음식을 완벽하게 준비했다. 그러나 헤밍웨이의 방은 여전히 지저분한 상태였고 꽃도 준비하지 못했다. 그제야 헤밍웨이는 부모님의 도움으로 방을 치웠고, 열 살 생일 파티를 겨우 마쳤다.

비로소 헤밍웨이는 어떤 일을 제대로 완성하려면 공동체의 구성원 모두가 하나의 방향을 향해 분발해야 한다는 사실을 배웠을 것이다. 당신의 자녀는 '협동'이 무엇이며, 또 그것이 왜 필요한지를 알고 있는가? 협력의 의미를 모르는 아이들은 살면서 많은 문제에 부딪히며 사람들과 끊임없이 마찰을 빚는다. 하지만 협력의 정신을 아는 아이들은 자신이 속한 집단에 빠르게 적응하며 제 몫을 다하는 것은 물론, 자기만의 고유한 능력까지 발휘한다.

아이가 평생 부모와 함께 살 수는 없다. 그러니 자녀를 외부 환경에 조금씩 적응시키고 친구들과 협력하는 법을 알려 주자. 그래야만 건강하고 활발한 성인으로 성장할 수 있다.

## (2) 남을 배려하게 하라

아이가 친구들과 놀 때 장난감을 함께 가지고 놀게 해 보자. 예를 들어 모든 아이들이 좋아하는 장난감이 있다면, 혼자 독차지하게 둘 것이 아니라 기다렸다가 차례대로 돌아가며 갖고 노는 법을 가르쳐야 한다. 이런 과정을 통해 아이는 어떤 문제를 맞닥뜨렸을 때 타인을 배려하는 법을 배워, 친구들과 다툼 없이 사이좋게 지낼 수 있다.

## (3) 게임 또는 놀이에 참여하게 하라

게임과 놀이는 아이의 협동심을 길러 주는 가장 좋은 방법이다. 여럿이 게임이나 놀이를 해 보게 하면, 아이는 혼자 놀던 것과 다르게 누군가와 함께 노는 방식을 새로이 배우며 협동심을 키울 수 있다. 이러한 게임을 통해 '자기중심적'인 사고에서 서서히 벗어날 수 있는 것이다. 특히 이때 아이가 동갑내기뿐 아니라 나이가 서로 다른 친구들과도 어울리게 해 주면 더욱 큰 효과를 기대할 수 있다.

함께 놀이를 하는 과정에서 아이들은 서로를 모방하고 알게 모르게 깨달음을 주며, 서로의 성장을 자극한다. 이는 아이의 지적 능력 발달에도 매우 중요한 영향을 미친다.

언어적 표현력은 말 그대로 자기 생각과 감정을
언어로 표현해 사람을 사귀고 교제하는 능력이다.
이는 아이의 일상과 학습의 기초가 되며, 성공으로
나아가는 중요한 요소로 작용한다.
이러한 표현 습관을 기르기 위해서는 언어 발달의
최적기인 아동기를 적극 활용해야 한다. 훌륭한
언어 능력은 지적 발달과 어휘력, 표현력, 지식
습득력 등에 바탕이 되기도 한다. 지금 이 연습을
시작하면 아이의 평생에 두고두고 도움이 된다.

STEP
2

표현과 소통
시작하기

# 01

순한 아이가 더 걱정스러운 이유

**화이트 부인은 자신의 착해 빠진 아들만 생각하면 가슴이 답답해진다.**
사실 그녀의 아들은 어디가 모자란 아이가 아니다. 집에서는 정해
진 규칙을 따르고 부모의 말에 순종하며, 밥도 편식 없이 골고루 잘
먹고 식사 후에는 자기 방으로 가 스스로 숙제도 한다.

하지만 그렇다고 해서 아이의 성적이 우수한 편은 아니고, 공부
외의 부분에서 딱히 뛰어난 점이 있는 것도 아니다. 그래도 워낙 순
한 성격이다 보니 엄마로서는 아들을 특별히 혼내지도 못한다. 이러

지도 못하고 저러지도 못하는 상황인 것이다. 과연 어떤 방법으로 아이를 양육해야 할지, 그녀는 늘 갑갑한 마음이다.

이 이야기에 공감하는 부모가 적지 않을 것이다. 당신도 혹시 자신의 아이가 유독 순한 아이, 착한 아이는 아닌지 주의 깊게 살펴보기를 바란다. 아이가 지나치게 조용하고 얌전하면 오히려 심신이 건강하지 못하다는 최근 연구 결과도 있기 때문이다.

하버드대학교의 교육 전문가들은 오랫동안 한자리에 앉아서 움직이지 않거나 심할 정도로 조용한 아이는 활동적인 아이에 비해 향후 '만성피로증후군'에 걸릴 가능성이 훨씬 높다고 지적한다. 아이의 심리는 주변 환경과의 상호작용을 통해 발달한다. 주변으로부터 풍부하고 신선한 자극을 받고 이것저것을 만져 보고 부딪히는 활동을 통해 주위 환경을 인식하고 사람들을 사귀며 자신만의 세계를 구축해 나가는 것이다.

그러나 내내 같은 자리에만 앉아 있고 외부 세계를 탐색해 보지 않으려 한다면, 새로운 무언가를 발견해 가는 재미를 경험할 수가 없다. 흔히 조용한 아이가 곧 말 잘 듣는 아이로 통하지만, 부모는 아이의 그러한 침묵을 결코 간과해서는 안 된다.

'순한' 아이일수록 부모는 각별히 관심을 기울이고 아이의 행동을 면밀히 분석할 줄 알아야 한다. 보통 이런 아이들은 성격적인 이유도 있지만, 대부분 어릴 때부터 '어른들의 말을 잘 따르고 철이 들어야 한다'는 것을 좋은 평가의 기준으로 삼는 환경에서 자란 경우가 많다. 이런 아이들은 가정에서는 집안일을 돕게 하고, 밖에 나가서는 여러 모임에 참여하게 하는 등 보다 활동적인 경험을 할 수 있도록 지도해 주어야 한다.

무엇보다 중요한 지침이 하나 있다. 가정에서 평등하게 소통할 수 있는 분위기를 형성해 주는 것이다. 특히 이 과정에서 아이가 말을 많이 하도록 유도하자. 의미 없는 잡담이나 싱거운 농담이라도 괜찮다. 대화와 교류만 원활하게 이루어진다면 아이의 성격은 점차 개선되게 마련이다.

순한 아이들은 심리적으로 불안한 모습을 자주 보인다. 어쩌다 냉랭한 분위기가 형성되면 당혹감을 감추지 못하고 어쩔 줄 몰라 하는데, 이는 사회화 과정에 어려움으로 작용할 수 있다. 또 이런 아이들은 체면을 매우 중요하게 생각한다. 자신이 틀린 말을 했다가 남의 미움이나 비난을 살까 봐 걱정하며, 수업 시간에 발표라도 하게 되면 얼굴이 빨개지는 등 몹시 긴장하는 경우가 많다. 열심히 공부하지만 성적이 오르지 않는 자신을 비하하기도 한다.

하지만 다행스럽게도 이런 성격이 평생 그대로 유지되는 것은 아니다. 나이가 들고 아는 것이 많아지면 또 다른 모습이 나타날 수 있다. 그러므로 선생님과 부모가 각자의 위치에서 적절한 방법으로 아이를 바른길로 인도해 문제를 해결해 주려 노력한다면, 아이는 충분히 심신이 건강한 사람으로 자랄 수 있다.

많은 부모들이 순한 아이에게는 굳이 달콤한 사탕을 줄 필요가 없다고 여긴다. 아이가 원하지 않는다고 생각해서다. 하지만 과연 그럴까? 이런 아이는 어른들의 눈치를 보기 때문에 자신의 마음속 진짜 생각을 잘 말하지 않는 것뿐이다. 다시 말해 타인의 불만을 살까 두려워서 말을 잘 하지 않는 것이다. 사탕을 싫어하는 게 아니라 '먹고 싶다'는 자기 생각을 잘 표현하지 못할 따름이다. 부모는 이런 아이 또한 여느 아이들처럼 사탕을 좋아하며 먹고 싶어 한다는 것을 부모는 기억해야만 한다.

사탕을 먹고 싶다고 말하지 못하는 아이들은 훗날 '자기 인생에서의 사탕'도 얻어먹을 수 없다. 설령 눈앞에 자기 몫의 사탕이 놓여 있다고 해도, 남의 눈을 의식한 탓에 별로 먹고 싶지 않은 것처럼 연기할지도 모른다. 그러니 지금 내 아이의 욕구를 간파하고, 아이가 이를 제대로 표현할 수 있도록 도와주자.

# 02

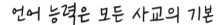

언어 능력은 모든 사교의 기본

언어는 사고를 나타내는 도구이며 언어 수준은 그 사람이 평소 생각하는 수준을 드러낸다. 언어의 발달 정도는 그 사람의 지적 능력을 가늠하는 중요한 잣대가 되기도 한다. 심리학에서 볼 때 아동기는 언어 발달의 최적기이자 말을 가장 빨리 배우는 시기이기도 하다.

사회생활을 하다 보면 직종을 막론하고 가장 우선으로 여기는 재능이 바로 '말하는' 능력이다. 사람들을 사귀고 함께 일하는 과정 자체가 자기 내면의 세계를 표현하고 이에 관한 소통을 진행하는 하나의 과정이기 때문이다.

언어 표현력은 일상생활에서 매우 중요한 소통의 도구가 될 뿐 아니라 독서를 하거나 사고를 형성하는 데도 매우 큰 영향을 미친다. 이제 막 세상에 태어난 아기 역시 옹알이를 하는 그 순간부터 무한한 학습 능력을 갖춘 개체로 존재한다. 비록 명확한 행동이나 말로 표현하지는 못하지만, 외부의 자극과 정보를 수집한 후 머릿속에 저장하는 과정을 끊임없이 반복하면서 그 정보에 의미를 부여한다. 그렇게 시간이 지나면서 수집한 정보들을 이해하고 수정하며 응용하는 과정을 겪고, 이를 통해 언어 능력을 기르게 되는 것이다.

그렇다면 아이 인생의 첫 선생님인 부모는 어떤 방식으로 자녀의 언어 능력을 길러 줄 수 있을까?

## (1) 표준어를 사용하라

표준어는 아이가 학교에 입학해 교과서를 읽고 배우며 언어를 학습하는 데에 직접적인 영향을 미친다. 그래서 옹알이 단계 때부터 아이에게 규범화된 표준어를 들려주는 것이 중요하다. 이때 부모는 최대한 정확한 발음과 명확한 어휘, 풍부한 표현을 사용하는 것이 바람직하다. 발음을 흐리거나 유아적인 언어를 사용하는 것은 지양하면서 자녀에게 첫 번째 '언어 교과서' 역할을 해 주어야 한다.

가령 아이가 사탕을 두고 "아탕, 아탕"이라고 발음할 경우 "사탕 먹고 싶어?"라고 바로잡아 주는 것이 좋다. 그리고 완전한 문장으로 조리 있게 이야기하도록 이끌어 주자. 또 언어의 구조에 대한 개념을 알려 줌으로써 주요한 정보를 완전한 문장으로 이어서 표현하는 법도 가르쳐야 한다. 이는 아이가 완전한 문장을 말하고 규범화된 언어를 구사하기 위해서는 매우 중요하다.

부모 역시 평소 말을 할 때 다소 긴 문장을 사용할 것을 권한다. 지나치게 단순하고 틀에 박힌 어휘보다는 생동감 있고 재미있는 단어를 다양하게 이용해 아이에게 좋은 본보기가 되어 주자.

## (2) 학습 기기를 적절히 활용하라

부모가 선생님처럼 전문적으로 아이들을 가르치기란 쉽지 않다. 하지만 CD플레이어나 MP3 등은 아이들에게 좋은 언어 선생님이 될 수 있다. 동화가 녹음된 CD를 반복해서 틀어 주면 부모의 시간을 절약하면서도 아이에게 새로운 어휘를 많이 알려 줄 수 있고, 아이가 기억하기도 쉬워 언어 표현 능력을 기르는 데 매우 효과적이다.

이야기를 듣는 것을 좋아하는 아이라면 매일 밤 자기 전 침대 맡에서 30분 정도 이야기를 들려주는 것도 바람직한 방법이다. CD의 경우 내용을 이야기(동화, 우화)와 노래(동요, 동시), 음악, 지식 등 몇 가지 장르로 분류하여 체계적으로 들려준다.

## (3) 단조로운 표현법에서 벗어나라

부모는 최대한 풍부하고 다채로운 어휘를 사용하는 것이 좋다. 가

령 '이상하다'라는 단어는 '기이하고 놀랍다', '오묘하다', '의아하다'
는 등의 유의어와 함께 사용할 수 있으며 '불빛'은 '휘황찬란한 빛',
'반짝반짝한 빛', '오색찬란한 빛', '눈부신 빛'등의 단어로 교차해서
사용할 수 있다. 이를 통해 아이는 언어적인 부분에서 한 차원 높은
단계로 올라서게 된다.

## (4) 체계적인 방법으로 독서 습관을 길러 주어라

언어를 가장 효과적으로 습득할 수 있는 방법은 무엇보다도 독서
라 할 수 있다. 독서는 언어 능력을 빠르게 발달시키는 일종의 가속
장치로, 논술을 비롯한 글쓰기 능력을 기르는 데 상당히 큰 역할을
한다. 일주일에 한 번씩 서점에 들러 책을 두 권 고르게 한 뒤, 한 권
은 그곳에서 읽고 다른 한 권은 사 주는 것도 좋은 방법이다.

독서를 할 때는 처음에는 부모가 자녀에게 읽어 주다가 점차 아
이 스스로 읽을 수 있게 해야 한다. 이를 통해 아이는 어휘의 양을
늘리고 지식을 습득하며 글쓰기의 기초를 다질 수 있다. 동시를 읽
을 때는 큰 소리로 감정을 실어 읽도록 하고, 잠자기 전에는 작은 소
리로 책을 읽거나 눈으로만 읽게 하는 것도 좋다. 평소에는 필기를
하면서 읽도록 지도해도 좋다.

## (5) 언어 교류의 기회를 자주 마련해 주어라

이웃집 아이나 친구들과 자유롭게 왕래하면, 아이는 듣고 말하는

연습을 자연스럽게 하게 되면서 또래 아이의 언어를 배우고 표현력을 기를 수 있다. 언어는 사람과 사람 사이를 이어 주는 다리 역할을 한다. 아이들은 언어 학습을 통해 외부 세계와 더 많은 관계를 맺으며 언어를 매개로 타인의 요구를 이해하고 받아들인다.

사실 아이의 언어 능력을 향상시키는 방법은 매우 다양한데, 이때 부모는 자녀의 생리적·심리적 특성과 관심사를 잘 파악해야 한다. 적절한 시기를 잡아 알맞은 기술과 방법으로 언어 훈련을 진행해야 하는 것이다. 단, 여기서 꼭 기억해야 할 점이 하나 있다. 이 모든 과정은 반드시 재미있어야 한다는 사실이다. 그래야만 아이도 가벼운 마음으로 자유롭고 자연스럽게 언어를 배울 수 있지 않을까? 언어를 배우는 과정이 너무 힘겨우면 아이는 입을 다물고 말 것이다.

# 03

수평적 분위기에서 대화가 싹튼다

**즐겁고 화기애애한 분위기는 아이와의 대화에서 가장 훌륭한 기폭제다.** 이때 부모는 아이의 의견과 생각에 힘껏 귀 기울여야 하며 아이의 감정과 바람을 이해하려고 노력해야 한다. 대화의 소재는 무엇이든 좋다. 가족들이 함께하는 식사나 함께 간 음악회, 미술관 관람을 비롯해 집 주변의 꽃과 나무, 도로 위 자동차들의 색깔과 모양, 거리를 다니는 사람들의 옷차림과 말투, 백화점의 쇼윈도 등 모든 것이 이야깃거리가 될 수 있다.

민주적이고 자유로운 분위기의 가정에서 자란 아이들은 일반적으로 타인이 아닌 자기 의지에 따라 일을 처리하며, 각종 사건과 사물에 관한 자기 생각을 어려움 없이 표현한다. 이런 아이들은 어디에서든 자신의 의견을 자유롭게 발표하는 습관을 형성하게 되며, 성격적으로도 자신감 넘치는 모습을 보인다.

초등학생 딸을 둔 스미스는 회사에 다니는 평범한 직장인이다. 그는 딸을 매우 아끼고 사랑하는 다정한 아버지다. 하루는 그의 딸이 신문에서 어느 자동차 광고를 보았는데, 이 광고에는 "아빠 차를 타면 하늘을 나는 기분"이라는 문구가 함께 실려 있었다. 딸은 자신의 아빠가 이런 차를 타고 다니면 더없이 좋을 것 같다고 생각했고, 그래서 아빠에게 그 차를 사자고 졸랐다.

스미스는 딸의 바람을 이뤄 주고 싶었다. 그래서 그 차를 꼭 사겠다고 다짐하고는 당장 그날부터 매일같이 야근을 했다. 그는 오직 딸만 생각하면서 열심히 저축했고, 시간이 흘러 마침내 그 자동차를 구입하기에 이르렀다.

그는 딸을 차에 태운 뒤 벅찬 가슴을 안고 아이에게 물었다.

"어떠니? 이제 하늘을 나는 기분이니?"

그러자 어느새 자라서 철이 든 딸이 이렇게 대답했다.

"아빠, 그동안 정말 고생 많으셨어요."

아버지를 이해하는 딸의 한마디에 그는 크게 감동했다.

부모는 아이의 스승이자 멘토가 되어야 한다. 아무리 좋은 의도라 해도, 결코 아이를 지휘하거나 조종하려고 해서는 안 된다. 당신은 평소 어떤 부모인지 생각해 보자. 습관적으로 아이에게 화를 내지는 않는가? 명령조로 말하고 그저 통제하려고만 하지는 않는가?

아이가 잘못된 행동이나 행위를 할 때, 부모는 어디까지나 권고나 건의의 방식으로 지도하고 고쳐 주어야 한다. 자유롭게 활동할 수 있도록 해 주어야 아이는 비로소 마음을 터놓고 부모에게 자신의 생각을 이야기하기 때문이다.

예를 들어, 아이의 친구들이 집에 놀러 온 경우라고 해 보자. 부모는 아이들의 대화를 엿듣지 말고 자유롭게 놀 공간을 내주기만 하면 된다. 또 아이가 친구들을 먼저 초대할 수 있게 해 주고 부모는 외출을 하는 등 아이에게 자유로운 시간과 공간을 허락해 주는 것이 좋다. 물론 친구들이 돌아가고 나면 그날 어떤 일이 있었는지 아이가 부모에게 편하게 이야기하게끔 해야 한다. 부모가 아이와 소통하고 문제가 있을 때는 바로바로 대처할 수 있도록 말이다.

하버드대학교의 교육 전문가들은 아이의 소통 능력을 개선하고 싶다면 부모가 다음의 사항들에 유의할 것을 권고한다.

## (1) 아이 앞에서 화내지 말라

밖에서 일하는 부모는 많은 스트레스를 안고 집으로 돌아온다. 하지만 귀가 후에도 아이를 돌보고 갖은 집안일을 해야 한다. 그러다 보니 감정 조절이 잘 안 되면 인내심을 잃고 화를 내기도 한다.

그러나 아이들은 모방의 귀재다. 아이들이 하는 행동은 대개 어른들의 행동을 보고 따라 한 것이 경우가 많다. 만일 정말로 화를 내고 싶다면 아이가 보지 않는 곳에서 '발산' 하라. 부모와 자녀의 관계는 법적으로 보호받는 혈연관계이기도 하지만 감정으로 연결된 관계이기도 하다. 부모와 자녀 사이에 할 이야기가 있다면 반드시 온화하고 긍정적인 대화로 풀어야 한다. 이런 방법으로 소통을 배운 아이는 대화와 협의에 능한 사람으로 자라 각종 대인 관계에서 발생하는 문제도 슬기롭고 원활하게 해결할 수 있다.

## (2) 지나친 기대를 품지 말라

부모가 자녀의 출세와 성공을 바라는 것은 당연한 일이다. 하지만 기대가 지나치면 아이에게 마음의 짐만 더할 수 있다. 만일 그 짐이 버거워 아이가 과도한 스트레스를 받게 되면, 주변 환경을 불평하거나 자기 자신은 물론이고 세상까지 원망하는 등 심리적으로 부정적인 영향을 낳을 뿐이다. 이런 아이들은 원래는 그렇지 않았더라도 점차 수동적·내성적인 성격으로 변해 사람들과 일상적인 대화조차 제대로 나누기 어려울 수 있다.

## (3) 다른 아이와 비교하지 말라

모든 사람들은 저마다 성격과 천성이 다르다. 당신의 아이도 마찬가지다. 부모는 이 사실을 마음에 새겨야 한다. 자녀를 다른 아이들과 비교하면 오히려 내 아이의 반감과 분노만 살 뿐이다. 모든 아이에게는 자신만의 특성과 장점이 있다. 부모는 자녀의 단점에만 집중해서는 안 되며, 그것을 다른 아이와 비교하고 종용해서는 더더욱 안 된다. 자칫하면 아이는 자신감이 떨어져 모든 방면에서 자기가 다른 사람보다 뒤처진다는 생각에 열등감을 품게 되고, 결국 누구와도 사귀고 싶어 하지 않는 사람이 되어 버린다.

### (4) 학업 성적에만 주목하지 말라

오로지 아이의 학교 성적에만 매달린 나머지, 한 인간으로서 아이의 전체적인 소양 계발과 심리적 발달은 소홀히 하는 부모가 많다. 부모가 아이의 성적에만 신경 쓰면 어떻게 될까? 아이는 자신의 생각과 감정을 어떻게 표현해야 할지 모르게 되고, 자신뿐 아니라 부모를 이해하지 못한다. 게다가 다른 사람을 잘 사귀지 못하고 처세술도 부족해져, 사람을 만나도 말을 거의 하지 않거나 선생님 또는 친구들과의 관계에도 문제가 나타날 수 있다.

### (5) 아이의 재능을 제한하지 말라

많은 경우 부모는 자신의 자녀가 매우 평범하다고 생각한다. 그러나 이는 지극히 주관적인 해석이다. 디킨슨 박사의 이론에 따르면 모든 아이들에게는 자기만의 독특한 재능이 있는데, 방법에 따라 이를 발견하고 잘 활용하는 아이가 있는가 하면 그렇지 못한 아이도 있다. 부모는 아이의 잠재적인 능력을 발견하도록 노력해야 하며 아이가 이를 자기만의 개성과 장점으로 표출할 수 있도록 이끌어야 한다.

### ⑹ 눈앞의 문제에만 신경 쓰지 말라

자녀의 자질과 성격, 재능에 대한 객관적 '평가'의 중요성을 간과하는 부모들이 많다. 그리고 아이의 성적이 떨어졌을 때나 교우 관계에 문제가 생겼을 때 등 특정한 사건이 발생했을 경우, 우리 아이는 매우 평범하다는 확신하에 자녀를 부정적으로 평가하고 이를 해결하려 든다. 그러나 한발 물러나서 나의 자녀가 전반적으로 어떤 아이인지를 기억할 필요가 있다.

### ⑺ 체벌하지 말라

자녀가 잘못을 저질렀다고 해도 체벌을 가하는 것은 부모로서 옳지 못한 행위다. 이런 방법은 오히려 역효과를 불러오고, 아이는 잘못된 행동을 계속 이어 나갈 따름이다. 게다가 '잘못을 저지르면 무조건 벌을 받아야 한다'는 그릇된 생각이 자리 잡기 때문에 자신뿐 아니라 타인에 대해서도 속이 좁고 관용을 모르는 사람으로 성장하게 된다.

# 04

때로는 듣는 것이 말하는 것보다 강하다

"우리 아이는 한번 말을 시작하면 도대체가 끝날 줄을 몰라요. 다른 친구들의 기분은 생각하지도 않고 계속 자기 말만 해요."

"우리 애가 어떻게 하면 친구들과 잘 어울릴 수 있을까요?"

이런 고민을 털어놓는 부모들이 많다. 방법은 간단하다. 자기 말을 하는 것을 멈추고 남의 이야기를 들어 주는 법을 가르치는 것이다.

경청은 대인 관계의 기초이자 좋은 관계를 유지하는 열쇠이기도 하다. 사실 자녀의 가정교육을 성공적으로 이루어 낸 부모들에게는 한 가지 공통점이 있다. 바로 아이와 친구가 되어 이야기를 잘 들어 주고, 아이 스스로도 이런 태도를 갖도록 가르쳤다는 것이다. 이로써 아이와 부모는 서로를 이해하고 신뢰감을 차근차근 형성해 나갈 수 있다.

그렇다면 어떻게 아이에게 타인의 말을 경청하는 법을 알려 줄 수 있을까? 하버드대학교의 교육 전문가들은 다음과 같은 방법을 제시한다.

### (1) 아이의 말 들어 주기

부모가 자녀의 이야기를 경청하면 아이는 자연스럽게 남의 말에 귀 기울이는 법을 배운다. 성격이 급하고 아이가 조금이라도 뒤처지는 걸 용납하지 않는 일부 젊은 부모들은 아이가 더듬더듬 이야기할 경우 이를 끈기 있게 들어 주지 못하고 답답해한다. 그러나 어린 아이들은 의사 표현에 한계가 있다. 자신이 생각하는 바를 성인처럼 체계적인 문장으로 말하지 못하는 것은 당연한 일이다.

따라서 부모는 인내심을 가지고 아이가 편안하게 말할 수 있도록 느긋하게 기다리면서 배려해 주어야 한다. 경청하겠다고 해 놓고 정작 잔소리를 늘어놓거나 중간에 말을 잘라서는 안 된다.

이때 아이의 말솜씨가 다소 부족하더라도 상관없다. 그 대신 아이들은 신체적 언어가 매우 풍부하기 때문이다. 특히 어린아이들을 보면 작은 일에도 쉽게 울고 웃으며, 놀라면 소리를 지르고, 기쁘면 여기저기 신나게 뛰어다니며, 슬프면 고개를 푹 숙이곤 한다. 이처럼 모든 행동에 다채로운 내면세계가 포함되어 있다.

너그러운 마음으로 당신의 자녀를 세심하게 관찰해 보자. 조금만 집중하면 아이의 정서가 어떠한지, 또 아이가 표현하고자 하는 생각이 무엇인지 충분히 알아차릴 수 있다.

### (2) 경청하는 환경 및 분위기 조성하기

아이와 대화를 나눌 때는 주변의 소음을 최소화해야 한다. 텔레비전이나 라디오 등의 음량은 가능한 한 낮추거나 아예 전원을 꺼서 아무런 간섭이 없는 환경을 만들어 주어야 한다. 만일 아이가 감정적으로 흥분한 상태라면 1~2분가량 시간을 주어 자신의 감정을 조절해 침착함을 되찾을 수 있도록 하는 것이 좋다.

아이에게 무언가를 말할 때는 그것에 최대한 집중하게 만들자. 가령 아이가 부모 앞에 와서 얼굴을 마주하면 그때 이야기를 시작하거나, 부모가 아이의 곁으로 다가간 뒤 천천히 이야기하는 것이다. 상대방의 말을 들을 때에는 자신이 경청하고 있음을 표현하기 위해 그와 눈을 맞춰야 한다는 점도 알려 주는 것이 좋다. 일반적으로 시선이 어디를 향하는지를 통해 타인의 말에 집중하고 있는지 아닌지가 드러나기 때문이다.

### (3) 구체적으로 연습하기

① 듣기 훈련: 먼저, 상대의 질문이나 대화의 주제 등을 파악하는 훈련이 필요하다. 예를 들면 엄마의 질문에 대답하기에 앞서 엄마가 무엇을 물어보는지 정확히 파악하는 것이다.

② 쓰기 훈련: 처음에는 일반적이고 일정한 속도로 문장을 읽어 주고, 이를 한 번 더 반복해 준다. 마지막으로 그 문장을 조금 더 빠른 속도로 읽어 준 뒤 아이가 받아쓰게 해 보자.

③ 말하기 훈련: 아이에게 이야기를 들려줄 테니 잘 들었다가 그 이야기를 다시 말해 보게 한다. 이때 아이가 원래의 이야기를 기억해서 설명하는 시간을 점차 줄여 나간다.

### (4) 주의할 점 알려 주기

아이에게 남의 이야기를 들을 때 다음의 사항들에 유념하도록 지도하자.

① 마음을 다해 들을 것. 상대가 무언가를 말할 때 머릿속으로 딴생각을 해서는 안 된다.

② 인내심을 가질 것. 상대방이 말하는 중간에 함부로 끼어들지 말고 이야기가 끝나면 자신의 생각을 이야기해야 한다.

③ 세심하게 들을 것. 상대방이 말을 할 때 실수를 하거나 틀린 말을 하더라도, 이야기가 다 끝난 뒤에 자신의 생각을 말하고 바로잡아 주어야 한다.

④ 겸허한 마음을 가질 것. 상대가 본인과 다른 생각을 말해도 겸손하게 받아들이고 본인의 생각을 한번쯤 돌아보는 태도를 가져야 한다.

⑤ 주의를 기울일 것. 상대방의 의견을 존중하되 맹목적으로 신뢰하기보다는 선택적으로 수용해야 한다. 대화 과정에서 '말하기', '듣기', '생각하기'가 병행되어야 한다.

## (5) 칭찬해 주기

아이와 듣기 훈련을 하는 과정에서 부모는 칭찬을 아끼지 말아야 한다. 아이가 성공의 기쁨을 누리고 만족감을 얻게 하는 것이 목표이기 때문이다. 여러 번의 칭찬과 인정으로 아이가 듣는 기쁨을 깨닫게 해 주자. 이는 타인의 말을 경청하는 습관을 기르는 데 매우 유리하다.

사실 '듣기 훈련'은 오랜 시간이 필요한 과정으로, 단숨에 이루어지지 않는다. 이때 부모는 인내심을 가지고 다양한 방식을 이용하면서 훈련을 반복해야 한다. 그처럼 오랫동안 아이에게 긍정적인 평가와 격려를 보내 주면 아이는 더더욱 칭찬을 받고 싶어져 점차 '듣는' 사람이 되어 갈 것이다.

# 05

## 칭찬의 기술, 평생의 선물

심리학 연구에 따르면 사람의 행복 지수에서 가장 많은 부분을 차지하는 것은 원만한 대인 관계인 것으로 밝혀졌다. 원만한 대인 관계란 사람들과의 관계가 친밀한 것을 뜻하며, 그처럼 친밀한 인간관계는 솔직함과 진실함 위에 세워진다. 그리고 대인 관계에는 상대를 향한 칭찬을 빼놓을 수 없는데, 누군가를 칭찬할 경우 구체적으로 하는 것이 좋다.

상대방이 입은 옷이 멋지다는 칭찬을 하려 한다고 가정해 보자.

당신은 무엇 때문에 상대가 멋지다고 느끼는지, 즉 옷의 색깔인지 아니면 스타일이나 질감인지를 구체화할 필요가 있다. 다른 사람의 뛰어난 부분을 칭찬하고 싶다면 어떤 점에서 그렇다고 생각했는지를 자세히 이야기하는 것이 좋다.

이를테면 "당신은 정말 좋은 사람이네요"라고 두루뭉술하게 말하는 것보다는 "당신은 정말 배려심이 깊은 사람이네요. 함께 있으면 참 편안하거든요", "당신의 밝은 에너지가 참 좋아요", "정말 유머러스하시네요. 당신과 대화를 나누면 즐거워요" 하는 식으로 구체적으로 짚어 내는 것이다.

언어는 사람들의 마음을 이어 주는 가장 좋은 소통의 도구다. 특히 칭찬의 언어는 인간관계를 조화롭고 정답게 하는 데에 없어서는 안 될 윤활유와 같다. 따라서 부모는 아이에게 타인에게 칭찬을 잘하는 사람이 사회에서 환영받는다는 사실을 알려 주어야 한다. 칭찬은 대화를 지속적으로 이어지게 하고, 일을 순조롭게 처리하도록 돕는 역할을 하기 때문이다.

누군가의 성품이나 특징을 칭찬하고 드높여 준다는 것은 곧 그것을 긍정적인 요소로 '인정'한다는 뜻이다. 특히 상대의 장점과 특징이 자신이 속한 무리에 도움이 된다면 거리낌 없이 칭찬하고 높여 줄 수 있어야 한다. 아이들뿐 아니라 모든 사람들은 다른 누군가의 평가를 통해 자신의 성과를 확인하고 스스로가 타인에게 어떤 존재인지 알 기회가 필요하다.

　이러한 칭찬은 나아가 대인 관계를 넓혀 준다. 다만 여기에는 진실함이 전제되어야 한다. 부모는 아이에게 누군가를 칭찬할 때는 솔직하고 진실해야 하며, 억지로 하려고 하면 오히려 거짓말처럼 보이기만 한다는 사실을 알려 주어야 한다.

"만일 당신이 옳다면, 당신의 의견에 상대가 동의하게
만들라. 하지만 만일 당신이 틀렸다면, 신속하고 진실하게
잘못을 인정하라. 그것이 변명을 늘어놓거나 상대와
말다툼을 하는 것보다 훨씬 효과가 좋을 것이다."
인간관계의 대가로 불리는 카네기가 한 말이다. 소통은
사람과 사람의 마음을 잇는 다리 역할을 한다. 소통에 능하면
어떤 일이든 순조롭게 처리할 수 있다. 아이가 소통과 표현의
첫걸음을 뗐다면, 이제 그 능력을 한 차원 더 끌어올려 주자.

# 소통 능력
# 끌어올리기

# 01

## 괴팍한 성격, 소통으로 고친다

하버드대학교의 한 심리학 연구에 따르면 괴팍한 성격은 사람의 신체적·정신적 건강에 매우 부정적인 영향을 미치며, 특히 아이들의 경우 그 영향력이 극명하게 드러난다고 한다. 자녀가 긍정적인 태도로 삶을 살아가도록 안내하는 것은 모든 부모에게 주어진 첫 번째 책임이자 의무다. 복잡하고 때로 어려운 인간관계를 제대로 처리하지 못하면 아이는 열등감이 생기거나 낯을 가리는 등 부정적인 성격으로 변할 수 있기 때문이다.

유난히 내성적이고 괴팍한 성격은 가장 먼저 사람들과 잘 어울리지 않는 양상으로 나타난다. 이런 성격은 아이에게 몹시 부정적으로 작용해서, 아이가 인간관계를 잘 다루지 못하고 대인 관계의 폭을 넓히기 어렵게 만든다. 인간은 서로 접촉하고 이해하고 도와 가면서 밀접한 관계를 형성한다. 그러나 사람들을 피하기만 하고 혼자서 생활하려 하면 인간관계를 통해 얻을 수 있는 무궁무진한 정보를 놓칠 수밖에 없다.

어린 딸을 둔 엄마인 제인은 일상 속 사소한 일을 통해 딸아이에게 가르침을 주려고 애쓰는 편이다. 딸은 내성적이고 예민한 성격으로 평소에 말이 별로 없었고, 제인도 딸이 그저 말수가 적은 성격이겠거니 여겼다.

그러던 어느 날 제인은 친구에게서 영화표 두 장을 선물받았고, 딸과 함께 영화 〈타이타닉〉을 보러 갔다. 영화가 절정에 다다르자 배가 바닷속으로 가라앉고 여주인공은 차가운 물속에서 서서히 얼어 갔다. 딸아이는 그 장면에 굉장히 슬퍼하며 끊임없이 눈물을 쏟았다. 집으로 돌아오는 길에 딸은 유난히 말이 많았다. 그중에서도 "엄마, 다른 사람들은 다 죽었는데 어떻게 여주인공만 살아남았을까요?" 하는 질문을 여러 차례 하는 것이었다.

제인은 딸에게 "그게 바로 사랑의 힘이야"라고 대답해 주었다. 그리고 설명을 덧붙였다.

"지난번에 엄마가 아파서 40도까지 열이 오른 적이 있었어. 너무 너무 힘들었지. 하지만 아빠도 집에 없고, 우리 딸이 배고플까 봐 엄마는 겨우겨우 밥을 지었단다. 그것도 사랑의 힘이지."

이 말을 들은 딸아이는 감격에 겨운 얼굴로 엄마의 품에 와락 안겼다. 그 후 제인은 딸과 더욱 자주 대화를 나누었고 아이의 성격도 점차 활발해지기 시작했다.

혼자 있기 좋아하고 말수가 적은 아이들은 열등감이 있거나 자신감이 떨어지는 모습을 보인다. 타인과 접촉이 많지 않아서 활동적인 취미 생활을 하지 않으며, 공부에도 흥미를 보이지 않는 경우가 흔하다. 실제로 아이의 역량이 부족하면 열등감은 더욱 심해진다.

조용한 아이들이 오랫동안 혼자만의 생활을 이어 가면 정서적으로도 부정적인 영향을 받아 설령 군중 속에 있어도 외로움을 느끼게 된다. 오랫동안 이런 심리가 지속되면 신체에도 부작용이 나타난다. 심리적 이상 증세는 대뇌 피질의 정상적인 활동에 영향을 주어 중추신경의 움직임을 방해하고, 소화불량과 혈액순환 장애, 호흡 장애와 내분비계통 장애 등의 질병을 유발한다. 퉁명스럽거나 지나치게 조용한 성격은 보통 우울증도 동반하는데, 이는 아이들의 신체적·정신적 성장에 상당한 악영향을 미칠 수밖에 없다.

이런 성격의 아이가 계속해서 혼자서 있으려 할 경우, 내면적으로 정서적 문제를 겪는 것은 물론이고 타인에게도 매우 차갑게 대하는 경향을 보인다. 나아가 이는 연애, 결혼 등 향후 성인으로서 아이의 삶에도 큰 어려움을 줄 것이다.

괴팍하고 내성적인 우리 아이. 부모는 이런 성격을 어떻게 고쳐 줄 수 있을까?

## (1) 더 많이 소통하라

사실 부모가 아이들의 별난 성격을 고쳐 줄 기회는 평소에도 얼마든지 있다. 가장 좋은 방법은 아이와 많이 소통하는 것이다.

텔레비전이나 영화를 보면서 아이에게 "주인공이 어땠니?", "어느 부분이 그렇게 재미있니?" 등의 질문을 하며 대화를 시도하거나, 아이의 담임선생님께 연락해 아이의 수업 태도나 꿈이 무엇인지 알아보자. 자녀가 어떤 꿈을 꾸고 있는지 파악하고 이를 이해하면 그 꿈을 이루기 위한 계획을 세우는 데 보다 구체적인 도움을 줄 수 있다. 아이 역시 뚜렷한 목표가 생기면 노력을 기울여 자기 앞의 어려움을 극복할 것이며, 모난 성격도 점차 바뀌게 된다.

## (2) 단체 활동에 참여하게 하라

별나고 퉁명스러운 아이들은 대부분 또래 무리와 쉽게 어울리지 못한다. 부모는 먼저 타인과 집단이 아이의 성장에 지대한 영향을 미친다는 사실을 인식해야 한다. 그리고 작은 일부터 시작해 아이가 생활 습관을 바꿀 수 있도록 지도해 주어야 한다.

가령 아이가 타인에게 다가가 말을 걸 수 있도록 격려해 보자. 또는 친구에게 게임이나 농구 경기를 함께하자고 제안하게 하는 등, 아이가 주도적으로 사람을 사귈 수 있도록 도와주자. 이런 과정을 통해 사람을 많이 사귀게 되면 오히려 타인과의 교제를 즐기는 성격으로 전환될 수 있다. 다른 사람을 통해 새로운 것을 배우고 그 가운데에서 얻는 즐거움이 점점 더 커지기 때문이다.

### (3) 부정적인 말로 상처 주지 말라

부모는 어떤 경우에도 부정적인 말로 아이를 비난하거나 상처 주어서는 안 된다. 그저 꾸준한 대화를 통해 아이가 자신의 일상과 학업, 건강에 부모가 많은 관심을 기울이고 있다고 느끼게 해 줘야 한다. 매일 잠깐이라도 시간을 내서 아이와 게임 또는 산책을 하거나 대화를 나누자. 이런 시간이 있어야만 아이는 비로소 자신이 부모에게 어떤 존재인지를 깨닫고 만족감과 안정감을 느낀다.

아이가 외부 세계와 자주 접촉할 수 있도록 독려하고 다른 사람들과 좋은 파트너십을 발휘하도록 돕는 것이 부모가 할 일이다. 이러한 과정에서 아이는 뚱하고 모난 성격에서 점차 활발하고 긍정적인 성격으로 변해 갈 수 있다.

# 02

부모의 말부터 바꿔라

**아이들에게 가장 상처가 되는 일은 무엇일까?** 이 질문에 어른들은 대개 협박이나 따돌림, 갈취, 성폭행, 부모나 선생님에게 받은 체벌 등을 먼저 떠올린다. 하지만 실제로 아이들이 무서워하고 마음 아파하는 일은 그러한 육체적·물리적인 고통이 아니다. 다름 아닌 '언어폭력'이다.

일반적으로 마음이 비뚤어지거나 망가진 아이는 언어폭력에 시달린 경우가 많다. 이런 아이들은 성인이 된 후 심리적인 약점들이 장애 행동으로 드러나거나, 무리에 잘 섞이지 못해 정상적인 사회 적응이 힘들다.

따라서 아이의 건강한 성장을 위해 부모는 부정적인 언어가 나쁜 결과를 가져온다는 사실에 특히 유의해야 한다. 사소하고 보잘것없는 몇 마디로는 아이에게 별 영향을 주지 않을 것이라는 생각은 엄청난 착각이다. 부모가 화가 난 상태에서 생각 없이 내뱉은 한마디가 아이에게는 크나큰 상처로 남아 평생의 아픔이 되기도 한다.

하버드의 교육 전문가들은 부모는 아이 인생의 '첫 번째 선생님'이자 '가장 친한 친구'여야 하며 절대로 상처를 주는 사람이 되어서는 안 된다고 강조한다. 자칫하면 아이는 '나와 가장 친한 사람이 가장 많이 상처를 준다'고 여기게 되기 때문이다. 이런 생각이 깊이 자리 잡힌 아이는 부모를 멀리하며 결국 건강하게 성장할 수 없다.

잭슨 여사는 지난 40년간 아동심리학 연구에 몸 바친 전문가다. 언젠가 그녀는 자신의 딸, 그리고 여섯 살 손주와 함께 스페인에서 휴가를 보냈다. 그곳의 한 가게에서 손주는 스케이트보드를 사고 싶어 했지만 아이 엄마는 허락하지 않았다.

"집에 이미 두 개나 있잖니. 더는 안 돼. 너는 어떻게 그렇게 매일 놀 생각만 하니?"

엄마는 이렇게 아이를 다그쳤고, 말투는 더없이 단호했다. 그러자 손주가 바닥에 드러누워 큰 소리로 울며 떼를 쓰는 것이었다.

"사 줘! 사 줘!"

"명색이 아동심리학자라는 직함을 달고 있는 사람인데 손주가 그러다니 너무 창피하더라고요. 그래서 그냥 가게를 나와 버렸죠."

잭슨 여사는 그때를 떠올리며 이렇게 말했다.

그녀는 가게를 나와 밖에 서서 한참을 생각했다고 한다. 이윽고 그녀는 자신이 이 순간 무언가를 해야겠다고 깨닫고는 다시 가게로 들어가 손주에게 말했다.

"네가 얼마나 마음이 아프고 화가 나는지 알아. 할머니에게 좋은 생각이 있어. 한번 들어 볼래?"

그녀가 최대한 부드러운 말투로 손주를 달래자 아이는 일단 울음을 그쳤다. 그녀는 계속해서 말했다.

"너는 스케이트보드를 사고 싶지만 나와 네 엄마는 사 주고 싶지 않단다. 혹시 너에게 보드를 선물로 줄 가게가 있는지 알아볼까?"

손주는 기쁜 얼굴로 할머니의 말에 동의하더니 그녀의 손을 잡아끌어 다른 가게로 들어갔다. 그녀는 점원에게 손주를 소개해 주면서 혹시 보드를 선물로 줄 수 있겠느냐고 물었다. 하지만 예상대로 점원은 "죄송합니다"라고 대답했다.

그들은 그렇게 네 개의 상점을 연이어 돌아다니면서 모두 거절을 당했다. 다섯 번째 가게에 들어서려던 찰나, 아이가 말했다.

"그냥 집에 있는 보드 탈래요."

부모라면 아이가 자기 생각을 마음껏 표현하도록 허락해 주고 그 감정을 이해하고 존중해 주어야 한다. 그래야만 아이 마음이나 감정에 상처를 남기는 일이 없다.

그렇다면 부모는 구체적으로 아이를 어떻게 대해야 할까? 사실 아이에게 언어로 상처를 주는 일을 피하는 것은 그리 어렵지 않다. 다음의 몇 가지 방법을 참고하자.

## (1) 언어폭력의 심각성을 인식하라

홧김에 불쑥 내뱉은 말 정도는 아이가 이해해 줄 것이라고 생각한다면 큰 오산이다. 그런 상황에서 생각 없이 쏟아 낸 말들은 아이의 자존감에 깊은 상처를 입힌다. 부정적 언어 때문에 발생하는 심리적 상처는 아이에게 체벌을 가하거나 매를 들어서 생기는 육체적 상처보다 훨씬 더 크고 심각하다는 사실을 인지해야 한다.

## (2) 이성을 유지하라

아무리 화가 치밀어 오르는 상황이라도 부모는 이성을 유지하고 감정을 절제할 줄 알며, 긍정적인 언어로 아이를 가르치고 격려해야 한다. 쉽지 않겠지만 늘 부드러운 말과 표정으로 아이를 대하면서, 아이에게 상처가 되는 말을 하지 않도록 주의해야 한다.

## (3) 혼내는 기술을 익혀라

질책이나 비난보다는 아이 스스로 깨달음과 동기를 얻을 수 있는 방식을 택하자. 가령 "엄마는 네가 더 잘 할 거라고 믿어"라는 말로 다독여 주면 아이는 노력해 보겠다는 동기를 부여받는다. 부모가 "괜찮아. 자신감을 갖고 최선을 다하면 돼" 하는 식으로 말해 주기만 해도 아이는 긴장되고 조급한 마음을 진정시킬 수 있다.

### (4) 평정심을 유지하라

물론 부모는 아이의 생리적·심리적 특징에 따라 다르게 교육해야 하지만, 자신의 감정을 절제하고 스스로를 일관되게 정비해야 한다. "너는 어떻게 된 애가 날이 갈수록……", "몇 살인데 아직도 이러니?", "그러게 아까 엄마가 뭐라고 했어?" 등의 말은 쓰지 않도록 하자. 아이의 자존심과 마음에 상처만 남길 뿐이다.

부모는 과학적인 방법으로 아이를 교육하고 사랑해야 하며 무엇보다 '좋은 말'을 많이 사용해야 한다. 말로써 아이를 다치게 하는 일, 돌이킬 수 없는 실수를 저지르는 일을 피해야 한다. 부모가 말하는 방식만 바꿔도 아이는 건강하게 성장할 수 있다.

# 03

## 무리 속에 섞이는 기술

<u>새로운 환경에 곧바로 익숙해질 수 있는 사람은 없다.</u> 길든 짧든 누구나 적응 기간이 필요하며, 그사이 불안한 마음이 들거나 낯선 사람과 대화하기가 싫어질 수도 있다. 따라서 그 환경을 탐색하고 거기에 적응할 시간이 필요하다. 어른도 이러한데 하물며 아이들은 어떻겠는가?

당신의 아이가 새로운 환경 속에서 자꾸만 개인행동을 한다고 해도 너무 조급해하지 말자. 그 대신 무리에 섞일 수 있는 기술들

을 알려 준 다음 기다려 주면 아이는 금세 적응할 수 있기 때문이다. 물론 그 전에 아이가 무리에 속하지 못하는 이유를 우선 짚어 봐야 한다. 여기에는 다음과 같은 몇 가지 원인이 있다.

### (1) 환경 변화

익숙한 환경에서 벗어났기 때문이다. 따라서 부모는 달라진 환경에 놓인 아이를 적절하게 인도해 주어야 한다. 아이가 새로운 환경과 사람들을 충분히 인지하고 익숙해지게 해 주자. 부모가 조금만 이끌어 주면 아이는 부적응 현상을 쉽게 극복할 수 있다.

### (2) 자신감 부족

낯선 환경에 놓인 아이는 자신이 못생겼다고 여기거나 다른 아이들보다 바보 같다고 생각할 수 있다. 따라서 부모는 평소 아이를 자주 칭찬해 주고 장점을 치켜세워 주어야 한다. 이로써 자신감이 생기면 아이는 스스로를 표현할 용기가 생기고 성격도 활발해지며, 자연스럽게 친구가 많아져 무리에 쉽게 어울릴 수 있다.

### (3) 교만한 심리

아이가 너무 자만하거나 오만한 모습을 보이는 것도 친구들과 어울리지 못하는 원인일 수 있다. 이때 부모는 누구에게나 배울 점이 있다는 진리를 일깨워 주어야 한다. 자신감은 본래 긍정적인 감정이지만 이것이 지나치면 다른 사람들에게 미움을 산다.

한편, 친구들과 잘 지내던 아이가 갑자기 무리에 섞이지 못하는 상황이 발생하기도 한다. 이 경우 부모는 특히 경각심을 가지고 살펴보고 그에 대처할 필요가 한다. 분명히 어딘가에서 문제가 발생한 것이기 때문이다. 다음은 하버드대학교의 교육 전문가들이 이야기하는 구체적인 방법들이다.

## (1) 단체 의식을 길러 주기

이 사회 자체가 하나의 '교실'이라는 사실을 아이에게 알려 주고, 무리 안에서 단체 의식을 기를 수 있게 하자. 또 집단 내에서 개인행동을 하려면 사회적 준칙을 따라야 한다는 점도 가르쳐야 한다. 혹시 당신은 아이를 대신해 청소 당번을 맡아 주거나, 아이가 학교에 가기 싫어한다고 해서 거짓말로 결석하게 해 주지는 않는가? 이는 당장은 내 아이를 위한 행동처럼 보일지 몰라도, 아이와 친구들 간의 관계를 떨어뜨려 놓기만 할 뿐 단체 의식을 기르는 데는 전혀 도움이 되지 않는다. 아이 스스로 생각하고 움직여 친구들과 서로 도와 가며 우정을 쌓게 하는 것이 훨씬 현명한 방법이다.

## (2) 단체 활동에 참여하기

남의 일에는 관심 없이 그저 내 아이의 학교 성적만 중요하게 여기는 부모들이 많다. 하지만 이는 아이의 건강한 성장과 발달이라는 큰 그림을 놓친 매우 근시안적인 생각이다. 아이가 친구와 놀다가 무시를 당하거나 억울한 일을 당할까 봐 노심초사하기도 하는데, 사실 이런 걱정들도 아무런 의미가 없다. 좌절은 때로 배움의 기회를 제공하지 않던가? 아이는 친구들과 뒤섞이며 어울려 봐야 비로소 자신을 돌아볼 수 있고, 잘못된 점이 있다면 이를 고쳐서 무리에 적응할 수 있다.

많은 부모들이 과거 자신의 경험에만 비추어 아이에게 시시콜콜 지시하곤 한다. 하지만 그렇게 되면 아이는 직접 경험하며 배울 수 있는 것들을 모조리 놓치고 만다. 사교의 기술은 아이 스스로 움직이고 실천하는 과정에서만 체득할 수 있음을 기억하자.

### (3) 사회 활동에 참여하기

아이와 함께 미술관이나 전시회에 가 보자. 또는 축구 경기를 관람하거나 사회봉사를 하는 등 다양한 공익적 활동에 참여하면서 우리 사회가 어떤 곳인지 체험하게 하자. 아이는 이런 활동을 통해 삶의 다채로움과 즐거움을 느끼며, 어떤 일의 옳고 그름, 진실과 거짓을 분별한 능력을 쌓아 간다. 의식적으로라도 이런 활동에 참여하게 하면 아이는 보다 건강하게 성장할 수 있다.

# 04

## 부모, 아이의 청중이 되어라

시대가 변하면서 아이들을 향한 사회의 요구 또한 높아지고 있다. 개인의 삶 전체를 포함해 사람을 사귀거나 직장 생활을 하는 데에도 가장 기본이 되는 말솜씨 역시 이제는 아이들이 반드시 갖춰야 할 일종의 능력이 되었다.

　그런데 아직도 학교에서 이루어지는 교육은 교과서 위주로 한정되어 있고 주로 필기시험으로만 학생의 능력을 평가한다. 아이들의 언변을 길러 주는 훈련보다는 쓰기나 읽기에 치중되어 있는 것이다. 그 결과 많은 중·고등학생과 대학생이 대외적인 자리에서 사람들 앞에 나가 발표하는 일에 익숙하지 않으며, 나이가 들고 지식이 축적되는 만큼 사교 능력이 함께 자라나야 하는데 오히려 퇴보하는 현상을 보이곤 한다.

그렇지만 이제는 많은 부모들이 아이의 인생에서 말하는 재주와 능력이 얼마나 중요한지를 깊이 깨닫고 있다. 우리는 말을 통해 자기 생각이나 입장을 표현해야 하는데, 이때 언변이 뛰어난지 아닌지가 매우 중요한 역할을 하기 때문이다. 그러다 보니 오늘날 말하기 및 발표 능력은 현대인이 갖춰야 할 필수 항목으로 자리 잡았다.

아이에게 미래의 성공을 보장해 주고 싶은가? 어릴 때부터 아이가 언변을 키워 나가도록 지도하자. 이런 관점에서 가정은 아이들의 첫 번째 무대이며, 부모는 그들의 충실한 청중이자 관중이 되어 주어야 한다. 부모가 이러한 역할을 해 주면 훗날 아이는 세상이라는 진짜 무대로 성큼 나아갈 수 있다.


오스카는 말주변이 없는 아이였다. 어떤 일에 대해 말해 보라고 하면 항상 당황한 기색으로 매끄럽게 설명하는 적이 없었다. 마음이 급해지면 말을 더듬기까지 했다. 오스카도 이런 스스로가 부끄럽고 답답했다. 유려한 언변으로 연설을 하거나 발표하는 친구들을 보면 너무도 부러웠다. 그래서 언젠가는 자신도 유창한 말솜씨와 정확한 발음으로 사람들 앞에 서서 말해 보리라는 꿈을 꾸었다.

그래서 오스카는 자기 나름대로 연습과 훈련을 시도했다. 하지만 제대로 된 방법이 아니다 보니 몇 주가 지나도 아무런 효과가 나타나지 않았다. 한껏 풀이 죽어 있는 아이를 보고 아버지가 말했다.

"네가 무슨 생각을 하는지 다 안다. 너무 조급해하지 마. 마음을 급하게 먹으면 먹을수록 오히려 네가 이루고자 하는 목표에서 멀어질 거야. 먼저 '읽기'부터 시작하렴. 매일 아침 일찍 일어나서 교과서를 읽어 보는 거야. 발음이 틀리든 말든 상관없다. 그냥 대담하게, 큰 소리로 읽으렴. 눈을 감고도 읽을 수 있을 만큼 연습했다면, 친구들과 이야기를 많이 나누면서 네 생각을 정확하게 표현하고 문장을 완벽하게 마무리해 봐. 뭐라고 말할지 미리 생각해 놓으면 훨씬 도움이 돼."

이 조언은 오스카에게 큰 도움이 되었다. 나도 할 수 있다는 확신을 얻은 아이는 그 후로 아침마다 연습을 반복했다. 시간이 지나자 오스카는 반에서 가장 큰 소리로 책을 읽었고, 친구들과 대화를 나누는 데에도 자신감이 붙었다. 설령 친구들과 대화를 나누다가 유려하게 문장을 표현하지 못해도 더 이상 예전처럼 말을 더듬거나 주눅 들지 않았다.


오스카의 아버지가 일러 준 방법 외에도, 아이의 언변을 길러 주는 방법으로는 다음과 같은 것들이 있다.

## (1) 자신감 길러 주기

무엇보다 아이가 말하는 데에 흥미를 느낄 수 있도록 가족들이 상의하여 모두 힘을 합해야 한다. 예를 들어 아이에게 "우리는 네가 이야기하는 시간만 기다리고 있어!"라고 말해 주는 것이다. 이런 방식으로 아이가 노래를 부르거나 시를 낭송하게 유도하자. 집에서 정기적으로 장기 자랑 시간을 갖는 것도 좋다. 아이가 친척이나 친한 친구 앞에서 재미있는 이야기를 하게 하거나 다른 사람들과 어울려 특별한 삶의 경험을 하도록, 가령 함께 휴가를 보내거나 여행을 가 보도록 해 주면 자신감을 한층 더 키워 줄 수 있다.

## (2) 속독 및 암기 훈련하기

연설문 또는 좋은 문장이 담긴 산문을 하나 고른다. 그리고 그 안에서 아이가 모르는 문장이나 단어가 있으면 충분히 설명해 준 다음 아이에게 낭독을 시켜 보자. 처음에는 느린 속도로 시작했다가 점점 속도를 붙여 읽게 하고, 마지막에는 할 수 있는 한 가장 빠른 속도로 읽게 한다.

암기의 경우 토시 하나 빼놓지 않고 무조건 외우는 것이 중요한 게 아니다. 전체적인 뜻과 문장을 이해하며 암기하게 해 주는 것이 핵심이다. 이런 훈련을 하면 아이의 말솜씨가 늘 뿐 아니라 기억력도 향상된다.

## (3) 다른 사람과 친해지도록 격려하기

아이가 다른 사람과 이야기를 많이 나누도록 격려하자. 특히 생각이 올곧은 데다 말까지 잘하는 사람들과 사귀게 되면, 아이는 그로부터 자연스럽게 여러 가지를 배울 수 있다. 말솜씨가 좋으려면 그에 맞는 다양한 소재와 지식이 있어야 하기 때문이다. "구슬이 서 말이라도 꿰어야 보배"라는 말처럼, 머릿속에 든 지식이 없는 사람이라면 단상에 서서 아무리 열심히 강연을 한다 해도 이를 집중해서 들을 이는 아무도 없다. 아이의 언변을 연습하기에 앞서 지식을 넓히고 또 쌓게 해 주어야 하는 것이다.

집에서 아이가 직접 자신의 무대를 꾸미게 하는 것도 좋은 방법이다. 어릴 때부터 부모가 아이의 충실한 청중이자 관중이 되어 준다면 아이는 점점 자신감을 얻어 남 앞에서 말하는 것에 익숙해지고, 그와 더불어 말솜씨도 생겨날 것이다.

# 05

대중 앞에 서게 하라

한 학교에서 학부모 참관 수업을 진행했다. 엘레나의 선생님은 수업 후 그녀의 부모를 따로 불러 상담을 진행했다. 선생님은 엘레나가 평소 발표를 꺼리며 수업이 끝난 뒤에도 친구들과 이야기를 거의 나누지 않는다고 염려했다. 엘레나의 부모는 그 말을 듣자 아차 싶었다. 사실 딸은 집에서도 말수가 적었고, 한다고 해도 작은 소리로 웅얼거리는 적이 많았기 때문이다. 얼마 있으면 해가 바뀌어 아이가 한 학년 더 올라가는데, 마음만 조급할 뿐 도무지 어떻게 해야 할지 몰라서 걱정에 휩싸였다.

이런 문제로 고민하는 부모가 적지 않다. 중·고등학생이 된 후에도 '적극적으로 말하지 않는' 아이들이 많기 때문이다. 교사들이 관찰한 바에 따르면 발표하기를 꺼리는 학생들은 크게 세 가지 유형으로 나뉘는데, 첫째로 겁이 많은 유형, 둘째로 내성적인 성격이라 남 앞에서 말하는 것을 좋아하지 않는 유형, 셋째로 발표 또는 말을 하는 방법을 모르는 유형이라고 한다.

그중 첫 번째와 두 번째 유형의 경우 부모가 올바르게 지도해 준다면 아이는 발표에 능숙한 사람으로 얼마든지 변할 수 있다. 그런데 세 번째 유형, 즉 말하는 방법을 모르는 경우는 조금 문제가 된다. 특히 오늘날에는 각종 정보가 홍수처럼 여기저기 넘쳐 나고 사람들과의 교제나 관계도 매우 긴밀하게 연결되어 있다. 향후 아이가 사회에 진출할 시대에는 사람들과 더욱 자주 교제해야 하며 심지어 주도적으로 자신을 소개하거나 홍보해야만 하는 셈이다.

하지만 아이가 말하기를 싫어하거나 말을 잘할 줄 모른다면 이런 역량을 갖춘 사람으로 성장하기는 어렵다. 내 아이가 대중 앞에서 말을 잘하게 하려면 구체적으로 어떤 방법을 적용할 수 있을까?

## (1) 점진적 방법 사용하기

돌로레스는 매우 조용한 여자아이로 어릴 때부터 할머니와 함께 생활하면서 작은 시골에서 초등학교를 다녔다. 그녀의 부모는 해외에서 근무하다가 돌아와 대도시에서 과학 연구에 관련된 일을 했고, 조금 뒤 딸을 도시로 데려와 교육했다.

도시의 아이들은 지식이 풍부할 뿐 아니라 돌로레스와는 비교할 수 없을 정도로 말솜씨가 뛰어났다. 반면에 돌로레스는 낯선 학교 환경과 친구들이 익숙지 않은 데다 지방 특유의 사투리까지 쓰고 있다 보니 친구가 없었다. 그래서 늘 조용히 교실 한편에 앉아 있기만 했다. 수업 시간에도 감히 손을 들고 발표할 수가 없었다. 사실 돌로레스가 해 온 과제나 시험 성적은 우수한 편이었다. 선생님이 간혹 일부러 자신에게 질문할 때면 아이는 긴장한 채 얼굴이 새빨개져서 한마디도 제대로 대답하지 못했다.

선생님은 이런 상황을 부모에게 알렸고, 아이가 용기를 가지고 대담하게 발표할 수 있도록 많이 격려해 달라고 부탁했다. 그녀의 부모는 고심 끝에 집에서 '모의 수업'을 하기로 하고, 다음과 같이 3단계로 딸을 지도했다.

1단계는 이러했다. 먼저 아빠가 선생님 역할을 하고 돌로레스와 엄마는 학생 역할을 맡았다. 학생들은 선생님의 질문에 답을 해야했다. 만일 돌로레스가 먼저 손을 들고 자신 있게 발표하면 아빠는 칭찬 카드를 한 장 주었고, 스무 장을 모으면 그 보상으로 햄버거를 사 주었다.

2단계에서는 엄마가 선생님을 맡았다. 그리고 돌로레스의 짝꿍을 집으로 초대해 둘이 함께 수업을 듣는 놀이를 했다. 대답을 하는 아이는 1단계와 동일한 보상을 받았다. 선생님이 질문을 하면 두 아이 모두 손을 들고 서로 발표하려 했다.

마지막으로 3단계에서는 아빠의 직장 동료가 선생님을 맡았다. 다른 모든 규칙은 1, 2단계와 마찬가지로 진행했다.

총 3단계의 이 훈련을 마칠 때쯤 학교 선생님에게서 소식이 들려왔다. 돌로레스가 수업 시간에 발표를 곧잘 한다는 것이었다. 심지어 다른 아이들보다 먼저 손을 들고 발표하거나, 도리어 선생님에게 질문을 하기도 한다는 이야기였다.


이러한 점진적 교육법은 아이가 이루고자 하는 목표 행위, 즉 발표를 잘하게 되는 것은 그대로 유지하는 상황하에 그 목표 행위를 둘러싼 장소나 조건을 계속 바꿈으로써 다양한 상황에서도 아이가 적응할 수 있게 만드는 것을 가리킨다.

앞의 사례의 경우, 돌로레스의 부모는 자극을 주는 환경의 성질을 점진적으로 바꾸었다. 처음에는 가족 구성원이 수업을 진행했고, 그 다음에는 딸의 짝꿍을 데려와 학교에서 수업을 받는 환경과 비슷하게 만들었다. 만일 이때 돌로레스의 상태, 즉 발표를 하고 싶어 하는 마음이 예전보다 강해졌다면 짝꿍이 들어오면서 아이는 친구와 경쟁을 하게 되었을 것이고, 이는 아이에게 매우 좋은 자극제로 작용했을 것이다. 이후 3단계에서는 아빠의 직장 동료가 등장하기도 했다. 돌로레스에게 그는 낯선 사람이므로 이는 아이의 목표 행위에 큰 도전과 시험 요소로 작용했다. 하지만 이 단계를 뛰어넘으면서 아이는 사람이 많은 대외적인 장소에서도 기꺼이 발언할 용기를 얻게 된 것이다.

### (2) 활동 범위를 넓혀 주기

아이를 집 안에만 가둬 두지 말고 또래 친구들과 사귀고 교제하도록 독려해야 한다. 아이는 친구를 사귀면서 더 많은 정보를 얻을 수 있고, 외부 환경에 적응하고 교제 능력을 강화해 자신감을 얻는다.

### (3) 실패를 극복하고 성공의 기쁨을 알게 하기

실패는 아이를 주눅 들게 하기도 한다. 특히 본래 내성적이고 소심한 성격의 아이는 실패의 충격을 더 잘 받아 내지 못한다. 아이에게 성공을 선물해 주고 싶다면 실패를 극복할 수 있도록 이끌어 주어야 한다. 이를 넘어서서 다시 시도하여 끝내 성공을 경험하면, 아이는 성공이 주는 기쁨과 가치를 더욱 귀하게 여길 것이며 충만한 자신감과 함께 또 다른 성공으로 향할 것이다.

### (4) 여러 방면으로 자기를 표현하게 하기

때로는 사람들 앞에 아이를 내세워 자신을 빛나 보이게 하려는 부모가 있다. 아이가 시를 완벽하게 외우거나 춤을 잘 추면 어떻게

든 사람들 앞에서 해 보라고 시키는 경우 말이다. 그러나 이런 요구는 아이에게 부담만 안겨 줄 뿐이다.

아이들의 표현력은 춤, 노래 같은 예술 영역의 '공연'으로만 발현되는 게 아니다. 예를 들면 이런저런 이야기를 하는 것, 언니·누나 또는 오빠·형 흉내를 내며 역할 놀이를 하는 것, 울고 있는 다른 친구를 위로해 주는 것 등은 모두 아이가 자신을 자발적이고 능동적으로 표현하는 행위다. 그러므로 부모는 아이들의 이러한 행동을 칭찬하고 인정해 주어야 한다.

아이 역시 어른과 똑같이 독립적인 자아를 가지고 있는 존재다. 아이가 스스로를 잘 표현하지 않는다고 해서 너무 조바심을 낼 필요는 없다. 모든 아이에게는 자신만의 장점과 단점이 있다. 그에 따라 아이가 자유롭게 성장하도록 돕는 것이 바로 부모의 역할이 아닐까? 이를 위해서는 앞서 지적했듯 아이를 집 안에만 두지 말고, 아이가 낯선 사람이나 대중 앞에서 자기를 표현할 기회를 마련해 주자. 그래야 당신의 아이는 용감하고 자신감 충만한 사람으로 자랄 수 있다.

# 06

## 칭찬에도 학습이 필요하다

**카네기는 아홉 살이 되던 해에 새어머니가 생겼다.** 당시 카네기의 가족은 시골의 매우 가난한 집에서 살고 있었는데, 새어머니는 부유한 집안 출신이었다. 아버지는 새어머니에게 카네기를 소개하면서 이렇게 말했다.

"여보, 우리 마을에서 가장 조심해야 할 게 바로 이 나쁜 놈이오. 얼마나 말썽꾸러기인지 나는 이미 포기했거든. 당신이 전혀 생각지 못한 못된 짓을 할 수도 있으니 조심해요."

이 말을 들은 새어머니는 카네기의 예상과 달리 웃는 얼굴로 그의 앞에 다가와서 아이의 얼굴을 이리저리 유심히 살펴보았다. 그러고는 고개를 돌려 아버지에게 대꾸했다.

"아뇨, 카네기는 이 마을에서 가장 똑똑하고 창의력 넘치는 아이예요. 아직 그 열정을 어디에 발산해야 할지 모르는 것뿐이라고요."

새어머니의 말에 가슴이 뜨거워진 카네기는 자신도 모르게 눈물을 쏟았다. 그렇게 둘 사이에는 보이지 않는 신뢰가 싹트게 되었다. 새어머니의 한마디로 그는 일생을 살아갈 동력을 얻어 훗날 성공과 관련한 28개의 황금 법칙을 만들어 냈고, 이를 통해 많은 사람들을 성공과 부의 길로 인도하기에 이르렀다.


칭찬에는 대상을 향한 감탄과 감사가 섞여 있다. 칭찬이 주는 즐거움은 무엇과도 비교할 수 없다. 냉담한 얼굴과 입은 다른 사람들에게 실망을 안길 뿐이다. 그런 만큼, 다른 사람을 칭찬하는 능력을 갖춘 사람은 평생 동안 누릴 재산을 다 가진 것과 같다.

문제는 편하고 안락한 조건에서 자란 오늘날의 아이들은 어릴 때부터 주변의 모든 것에 불만을 가지고 불평을 털어놓는 것에 더 익숙하다는 사실이다. 그렇다면 어떻게 해야 자녀를 다른 사람을 칭찬하는 아이로 자라게 할 수 있을까? 우리가 진지하게 생각해 봐야 할 이 문제에 관해, 하버드의 교육 전문가들은 다음의 몇 가지 방법을 추천하고 있다.

## (1) 칭찬이 익숙한 환경을 조성하라

아이에게 타인의 장점을 찾아내는 습관을 길러 주자. 남의 장점을 잘 발견하고 그것을 눈에 담아야만 칭찬하는 법을 배울 수 있다. 또한 칭찬에는 기술이 필요하다. 무작정 과장해서는 안 되며 상대방이 누구인가에 따라 각기 다른 칭찬 방식을 사용해야 한다.

이는 어른들에게도 해당된다. 예를 들어 누군가가 당신에게 음반한 장을 선물했다고 해 보자. 당신은 당연히 상대방에게 감사 인사를 할 것이다. 이때 만일 선물 자체에 대한 칭찬까지 곁들인다면 선물을 준 사람의 기쁨은 배가 될 것이다. 이를테면 "와, 정말 신기하네요! 이 CD를 갖고 싶어서 여기저기 알아봐도 도저히 구할 수가 없었거든요. 이렇게 선물로 받게 될 줄은 정말 몰랐어요!" 하는 식으로 말하는 것이다. 아이에게도 상대에게 이렇게 말하는 법을 알려주자. 같은 칭찬이라도 상대방이 훨씬 더 기뻐할 것이다.

## (2) 칭찬의 기술을 알려 주어라

다른 사람을 칭찬할 때는 "음, 좀 재밌어요", "괜찮네요", "나쁘진 않아요"와 같이 애매한 표현은 버리고 자신이 무엇을 칭찬하려고 하는지 정확히 인지해야 한다. 그리고 이에 대한 상세한 묘사가 필요하다. 이렇다 할 말이 생각나지 않아서 상대를 마냥 높여 주는 것은 금물이다. 당신은 침묵보다는 차라리 애매한 칭찬이 낫다고 생각할지 모르지만 절대 그렇지 않다.

한편, 누가 봐도 상황이 잘못 흘러가고 있는데 이를 두고 칭찬하는 것도 피해야 한다. 예를 들어 텔레비전 방송에 출연하는 패널이 심각한 실수를 해서 프로그램을 망친 상황이라고 해 보자. 이때 사회자가 "와, 대단합니다. 그래도 실수는 이번이 처음이죠?"라고 말하는 것은 최악에 가까운 방법이다. 이럴 때는 그냥 침묵하는 게 낫다.

동시에 여러 사람을 한꺼번에 칭찬하는 것도 피해야 한다. 과장된 표현으로 여러 명을 칭찬하면 듣는 이들의 기분만 망칠 수 있다. 이렇게 될 경우 칭찬의 긍정적인 효과는 사라져 버린다. 주위의 평이 좋은 사람에게 과장된 칭찬을 하면 나에게 잠시 유리할 수는 있어도, 이것이 반복되면 사람들은 그의 칭찬을 의심하며 판단력이 부족하다고 여기게 된다.

남에게 무언가 부탁하기 전에 그 사람을 칭찬하는, 속 보이는 행동도 금해야 한다. 칭찬의 진실성이 떨어지고 상대의 기분도 언짢아진다. 칭찬을 입에 달고 사는 것도 좋지 않다. 칭찬이 잦아지면 그 효과가 떨어질 뿐 아니라 칭찬과 아첨은 한 끗 차이다. 실제로 타인을 과도하게 칭찬하는 사람은 조심할 필요가 있다.

다시 말해, 칭찬에는 진심이 담겨 있어야 하며 어디까지나 사실을 기반으로 해야 함을 아이에게 알려 주자.

# 07

유머 감각, 성공을 부르는 열쇠

같은 부모에게서 태어난 형제자매인데도, 한 아이는 잘 웃고 명랑한데 다른 아이는 잘 웃지 않고 예민한 경우를 종종 보게 된다. 그러나 모든 부모는 내 아이가 밝고 명랑하기를 바란다. 그런 아이를 좋아하지 않을 사람이 어디 있겠는가.

아이에게 낙관적인 성격을 만들어 주려면 어떻게 해야 할까? 그 핵심적인 방법 중 하나는 바로 유머 감각을 키워 주는 것이다. 유머러스한 아이는 어린 시절부터 성공적인 인간관계를 형성한다.

하버드대학교의 한 심리학자가 진행한 연구 결과를 통해서도 우리는 이러한 관점에 일리가 있음을 발견할 수 있다. 연구에 따르면 재미있는 아이는 인기가 많은 반면 유머 감각이 부족한 아이는 상대적으로 인기가 없었다. 겨우 4~5세짜리 어린이들 중에서도 사교 능력이 뛰어난 아이는 주로 유머의 방식으로 친구들과 교제를 나누며, 다른 친구들의 유머에도 잘 웃어 주는 것으로 나타났다.

대개 유머 감각이 있는 아이들은 매우 낙관적이며, 평소에도 재미있는 일들을 많이 만들어 내어 주변 사람들에게 기쁨과 즐거움을 선사한다. 그리고 이를 통해 성취감과 자신감을 얻는다. 그러다 보니 유머 감각이 있는 아이들은 친구를 사귀는 데에 능숙하다.

이처럼 유머러스한 성격은 아이의 전 생애에 걸쳐 긍정적이고도 지대한 영향을 미친다. 유머는 아이가 일상에 모나지 않게 적응하도록 도와주고, 학업에서 오는 스트레스나 고충도 잘 이겨 내도록 돕는다. 결국 유머러스한 아이는 쾌활하면서도 똑똑해진다.

그렇다면 어떻게 아이의 유머 감각을 길러 줄 수 있을까?

### (1) 부모가 먼저 재미있는 사람이 되어라

유머 감각은 선천적으로 타고나는 부분도 있지만 상당 부분 후천적으로 길러진다. 부모에게 자녀는 생명의 연장선이자 거울과도 같은 존재다. 그러므로 아이의 유머 감각을 길러 주려면 우선 부모 스스로가 재미있는 사람인지 아닌지를 돌아보고, 유머를 즐길 줄 알아야 한다.

## (2) 낙관적인 태도로 사람과 일을 대하게 하라

낙관과 관용은 유머의 핵심 요소다. 유머를 배우려면 그에 앞서 옹졸한 마음을 버리고 관용의 정신과 긍정적인 태도를 배워야 한다. 아이에게 낙관적인 성격을 길러 주고 싶다면, 부모는 자녀가 어려움을 맞닥뜨렸을 때 아이의 편에 서서 지지해 줌으로써 난관을 극복하도록 돕는 것이 가장 중요하다. 그래야만 아이는 세상에 대해 낙관적이고 감사하는 마음을 가지고 삶을 살아갈 수 있다.

사실 우리 삶 곳곳에는 유머가 넘쳐 난다. 단지 그것을 발견할 만한 안목이 부족할 뿐이다. 아이가 삶을 유심히 관찰할 수 있도록 지도해 주고, 사물에 대한 통찰력을 형성해 자기만의 시각으로 세계를 바라보게 해 주자. 바로 여기서 유머 감각이 생겨난다. 사물의 본질을 빠르게 파악해야 그에 적절한 비유나 재미있는 표현을 사용할 수 있고, 이를 통해 주변 사람들에게 즐거움을 줄 수 있다.

이때 자신을 적당히 비하하거나 조롱하는 것도 일종의 유머가 될 수 있다. 진정으로 재미있는 사람은 타인에게 웃음을 사는 것을 두려워하지 않는다. 견고하게 쌓아 올린 자신감이 있기 때문이다.

## (3) 재미있는 이야기를 보고 듣게 하라

편안한 분위기에서 즐겁게 읽을 수 있는 동화나 이야기는 자연스럽게 유머 감각을 향상시키는 데에 도움을 준다. 아이에게 이런 이야기를 많이 들려주고 또 보게 하면 낙관적인 정서를 지닌 사람으로 자라게 할 수 있다.

여기서 더 나아가, 아이에게 재미있는 이야기를 직접 하게 하는 것도 좋다. 모든 아이들은 자기 주변에서 일어났던 재미있는 일에 관해 말하기를 즐거워한다. 이때 부모는 열심히 들어 주고 잘 웃어 주어야 한다. 만일 내 아이가 정말로 유머 감각이 넘친다면 재미있는 이야기를 지어 보도록 하는 것도 좋다. 이를테면 교과서나 영화, 텔레비전 드라마를 각색해 보게 하는 것이다.

긍정적이고 유머러스한 언어나 사물은 아이의 눈을 밝게 트이게 하며, 무의식중에 아이의 사고력과 언어능력을 자극한다. 아이에게 "당장 장난감 안 치우면 다음부터 못 가지고 놀게 한다?!"라고 말하기보다는 다음과 같이 이야기를 건네는 건 어떨까?

"장난감들이 온종일 놀아서 힘들대. 피곤해서 울지도 모르겠네. 이제 집에 가서 쉬게 해 줄까?"

좋은 첫인상은 사람의 마음을 활짝 여는 열쇠가
되어 상대방에게 긍정적인 정보를 전달한다. 이는
교양 있는 몸가짐과 대범한 태도, 자신감 있는 언어
등 여러 요소가 한데 어우러져 형성된다.
사람과의 만남에서 상대를 예의 바르게 대할 줄 아는
아이는 자신의 생각이나 느낌을 완벽하게 표현하지
못하더라도 충분히 긍정적인 인상을 준다. 이런 아이에게는
누구든 성큼 다가와 가까워지고 싶어 한다. 즉 적절한
예의와 예절은 원만한 대인 관계의 출발점이다.

## STEP
# 4

# 예의와 예절
# 학습하기

# 01

예의 바른 아이는 어디서나 환영받는다

마스는 아버지의 심부름으로 옆집에 사는 큰아버지에게 망치를 빌리러 갔다. 심부름을 별로 하고 싶지 않았던 그는 큰아버지 댁에 가서 현관문을 쾅쾅 두드리며 외쳤다.

"큰아빠! 망치 좀 빌려줘요!"

그런데 마스의 큰아버지는 현관문을 열고 아이를 뚫어져라 쳐다보기만 할 뿐 아무 말이 없었다. 결국 마스는 입술을 삐죽거리며 화가 난 얼굴로 집에 돌아와야 했다. 빈손으로 돌아온 아이를 보고 아버지가 물었다.

"왜 그냥 왔어? 망치는?"

그러자 마스는 망치를 빌리러 간 과정을 자세히 설명했다. 아버지는 그의 말을 듣더니 아들의 팔을 잡아끌어 앉히고 애정 어린 말투로 이야기했다.

"마스, 방금 네가 한 행동은 굉장히 무례한 행동이야. 남의 집에 들어가기 전에는 먼저 초인종을 누르거나 노크를 하고, 뭔가를 부탁할 때는 정중하게 '~를 부탁드려요', '~를 주세요' 하고 예의 바른 말을 써야 해."

아버지의 말을 들은 마스는 고개를 끄덕이더니 다시 큰아버지 집으로 향했다. 이번에는 현관문을 조심조심 두드렸다. 이윽고 큰아버지가 들어오라고 하자 아이는 집으로 따라 들어갔고, 예의 바르게 "큰아빠, 저희 집에 망치가 필요한 일이 있어요. 좀 빌려주실 수 있어요? 쓰고 나서 다시 가져올게요"라고 말했다. 그제야 큰아버지는 웃는 얼굴로 기쁘게 망치를 빌려주었다.


사람을 사귀는 과정에는 예의가 필요하다. 예의 있게 남을 대하는 사람은 상대방에게도 존중받는다. 그렇다면 어떻게 내 아이를 예의 바른 사람으로 자라게 할 수 있을까? 하버드의 교육 전문가들이 추천하는 방법은 다음과 같다.

## ⑴ 교양 있는 모습을 보여 주어라

부모는 아이의 인생에 시시각각 모범을 보여야 한다. 아무 데서나 침을 뱉고 쓰레기를 버린다든가, 새치기를 하거나 노약자에게 자리를 양보하지 않는 모습을 보여서는 안 된다. 또한 교양 있는 말에는 교양 있는 행동이 수반되어야 한다.

## ⑵ 어른에게 인사하는 습관을 가르쳐라

당신의 아이는 인사성이 밝은 편인가? 인사는 예의의 기본이자 핵심이다. 아이에게 어른들께 먼저 인사를 건네야 한다는 사실을 알려 주자. 아침에 일어나거나 학교에서 돌아오면 부모님께 인사를 해야 하며, 밖에 나갈 때 역시 인사를 하고 행선지를 알려야 한다고 말이다. 또 귀가하면 부모님께 집에 왔다는 사실을 알려서 걱정하는 일을 만들지 않게끔 지도한다.

## ⑶ 단어의 용법을 알려 주어라

다른 사람과 교제할 때 어떤 언어를 사용해야 하는지 알려 주는 것도 중요하다. 사람의 말투에는 보통 그의 생각과 도덕적 수준이 반영된다. 그러므로 부모는 아이가 예의 있는 말투와 단어를 사용하도록 가르칠 필요가 있다.

예를 들어 어른들께는 존댓말을 사용하고, 다른 사람을 방해하거나 불편하게 했을 때는 사과의 표시를 해야 한다. 남에게 도움을 청할 때는 "~해 주시겠어요?" 등의 표현을 써야 하며 도움을 받으면 꼭 감사 인사를 할 줄 알아야 한다.

## (4) 대화에 예의를 갖추게 하라

가족 간에 오가는 대화 속에서도 예의를 지켜야 한다. 이때 자세부터 바르게 하도록 가르치자. 가령 다리를 쩍 벌려 앉거나 덜덜 떨지 말아야 한다. 또 코를 쑤시거나 귀를 파는 것, 손톱을 깎는 것, 머리를 긁거나 이를 쑤시는 것 등 대화에 집중을 방해하는 불필요한 행동이 있어서도 안 된다. 손님이 놀러 와 문을 두드리면 신속하게 열어 주고 반갑게 인사를 한 뒤, 집 안으로 들어오게 해 차를 대접할 줄 알아야 한다.

어른들이 진지하게 이야기를 나눌 때는 함부로 말을 자르거나 끼어들지 않게 지도하자. 대화 내용이 자신이 듣기에 적합하지 않으면 아이 스스로 자리를 피할 줄도 알아야 한다. 대화를 할 때는 상대에게 시선을 향한 채 집중해서 경청해야 한다. 주변을 이리저리 살피거나 딴생각을 하는 것은 예의에 어긋난 행동이다. 또한 아이들은 적절한 크기의 목소리로 정확한 단어를 사용하며, 너무 길지도 짧지도 않게 말할 줄 알아야 한다. 하품을 하거나 꾸벅꾸벅 조는 경우에는 따끔하게 혼내자.

무엇보다 대화 과정에서 아이는 다른 사람을 존중할 줄 알아야 한다. 누군가가 인사를 건네 올 때는 모른 척하지 말고 성심껏 대응해야 하며, 설령 마음이 불편한 일이 있다고 해도 상대에게 함부로 화를 내서는 안 된다.

### (5) 식사 예절을 가르쳐라

매우 상식적인 것이지만 오늘날 이를 지키지 않는 가정이 너무나 많다. 밥을 먹을 때 아이가 "감사히 잘 먹겠습니다"라고 인사하도록 습관을 들이자. 식사 전에 아이는 어른의 밥부터 퍼 드리고, 건넬 때는 두 손으로 전달해야 한다. 부모가 자리에 앉지 않았는데 먼저 앉아 숟가락을 들거나 자신이 좋아하는 반찬이라고 해서 앞으로 가져가 혼자만 먹는 일이 없어야 하며, 다 함께 먹는 반찬을 마구 헤집지말아야 한다.

식기는 되도록 부딪히는 소리가 나지 않게, 그리고 음식을 씹을 때도 쩝쩝 소리를 내지 않게 지도하자. 또 식사 중에 기침이나 재채기가 나오려 하면 손으로 입을 막아 다른 사람에게 음식물이 튀지 않게 하도록 가르쳐야 한다.

이처럼 예의 바른 태도를 습관화해 주면, 아이는 건강한 내면을 형성하게 될 뿐 아니라 어디를 가든 환영받는 사람이 될 것이다.

# 02

## 웃는 얼굴은 최고의 명함

**햇살처럼 따사롭고 찬란하게 빛나며 싱그러운 생명의 향기를 뿜어내는 '명함'이 있다.** 인간관계에서 최고로 여기는 이 명함은 다름 아닌 '미소'다. 웃는 얼굴 앞에서 쉽게 거절할 수 있는 사람은 없다. 웃음은 인간의 본능으로, 우리의 얼굴에서 미소를 지워 버리기란 불가능하다. 인류에게 이런 본능이 있는 만큼 미소에는 사람 간의 관계를 가깝게 만드는 신비한 매력이 있다.

미국의 힐튼호텔은 세계적인 고급 호텔 중 하나다. 힐튼호텔의 대표 리처드 힐튼은 미소가 자신의 사업에 번영을 가져다주었다고 믿는다.

힐튼이 이처럼 미소를 중시하는 이유는 무엇일까? 힐튼이 오래전 슬픈 일을 겪고 상심하고 있을 때 한 노부인이 그를 찾아왔다. 그가 귀찮은 마음으로 겨우 고개를 들자 미소를 짓고 있는 노부인의 얼굴이 보였다. 그 미소는 저항하거나 거절할 수 없는 강력한 힘을 지니고 있었다. 부인의 미소에 매료된 힐튼은 곧바로 그녀에게 앉도록 자리를 권했고 두 사람은 즐겁게 대화를 나누었다.

대화를 나누면서 힐튼은 노부인이 정말로 선하고 아름다운 마음을 가진 사람이라는 사실을 발견했다. 그는 그녀의 얼굴에 비친 진실한 미소에 완전히 빠져들었고 그 후 '미소' 서비스를 호텔의 취지와 근본으로 삼았다. 세계 각지의 힐튼호텔을 시찰할 때면 그는 직원들에게 "오늘 손님에게 미소를 지어 드렸나요?"라고 잊지 않고 물어보았다. 만일 지금 가까운 힐튼호텔에 들른다면 당신 역시 '힐튼의 미소'를 직접 체험할 수 있을 것이다.

리처드 힐튼은 미소에 관해 이렇게 말한 바 있다.

"매우 간단하면서도 돈을 절약할 수 있는 서비스다. 미소는 비용은 무엇보다 적게 들지만 그 수익은 가장 높은 투자라 할 수 있다."

그래서 그는 직원들이 아무리 힘들고 어려운 일이 있어도 고객을 향해 진실한 미소를 잊지 말 것을 당부한다. 1930년대 미국에 대공황이 찾아와 모든 업계 사람들이 근심 어린 표정을 하고 있을 당시에도 힐튼호텔의 직원들은 여전히 미소를 띤 얼굴로 고객을 맞아 주었다. 그 덕분에 대공황이 끝나고 힐튼의 사업은 가장 먼저 번영기로 접어들 수 있었다.

찬란한 미소만큼 사람의 마음을 강하게 휘어잡을 수 있는 것은 없다. 미소에는 신비한 매력이 있어서, 사람과 사람 사이에 세워져 있는 마음의 벽과 경계를 허물며 긍정적이고 낙관적인 생각으로 삶을 살아가게 만든다.

이는 아이들의 세계에서도 마찬가지다. 미소라는 이 쉬운 일 하나로 내 아이가 자신만의 '인맥 왕국'을 형성해 번영을 누릴 수 있다면, 부모로서 그보다 더 가슴 뿌듯한 일은 없을 것이다. 아이가 진심을 담아 따스한 미소를 짓게 하자. 그 삶은 점차 아름답게 변할 것이며, 모든 사람들이 내 아이를 좋아하고 사랑하게 될 것이다.

실제로 잘 웃는 아이는 언제 어디를 가든 인기가 좋다. 따뜻하고 즐거운 분위기를 만들어 내기 때문이다. 사람들은 그를 떠올리면서 삶의 활력과 기쁨, 행복을 얻는다. 미소는 사람들 사이의 거리를 좁혀 주며, 나아가 갈등을 해결하거나 미워하는 마음을 없애 주기도 한다. 살면서 미소라는 '뇌물'을 거절할 수 있는 이는 많지 않다. 게다가 이는 마치 거울과 같아서, 내가 누군가를 향해 웃어 주면 그 사람도 나에게 미소를 보내게 된다.

미소는 마음의 품격이다. 친근함과 따스함, 기쁨 가득한 얼굴을 한 아이는 세련되게 치장한 아이보다 훨씬 눈길을 끌고 사람들에게 사랑받는다.

데이비드는 미국의 한 유명 회사의 대표를 맡고 있다. 그는 성공한 남성이 갖춰야 할 모든 조건을 거의 다 갖추고 있다. 그는 인생의 목표가 분명하고 끊임없이 어려움을 극복하는 사람으로, 다른 사람은 물론 자기 자신을 계속해서 뛰어넘고자 하는 강한 의지와 자신감을 지녔다. 데이비드가 얼마나 열심히 인생을 사는지에 관해서는 주변 사람들의 칭찬이 자자하다. 뿐만 아니라 데이비드는 동료나 친구들에게도 매우 진실하고 솔직하며 공평하게 대하기에, 그와 친밀한 관계에 있는 사람들은 자부심을 느낄 정도다.

하지만 의아하게도, 첫 만남부터 데이비드에게 호감을 보이는 사람은 많지 않다. 그의 지인들은 이 사실을 매우 이상하게 생각한다. 이유는 과연 무엇일까?

자세히 관찰한 결과, 평소 데이비드는 웃는 얼굴을 보인 적이 거의 없었다. 이 때문에 그가 운영하는 회사의 여직원들은 그를 무서워할 정도이며, 남자 직원들 중에서도 그를 지지하거나 흔쾌히 따르는 사람은 많지 않은 편이었다. 그에게는 사람의 마음을 움직이는 미소가 부족했던 것이다. 모든 것을 가진 그에게 단 하나가 부족할 뿐이지만, 이는 사실 매우 치명적인 것이었다.

미소는 일종의 관용이자 수용의 표현이다. 미소는 서로 간의 거리를 가깝게 하며 마음과 마음을 통하게 하는 역할을 한다. 미소 짓는 얼굴로 타인을 대하는 사람은 상대의 마음을 훨씬 쉽게 열고 친해질 수 있다. 그래서 혹자는 미소가 성공하는 사람들의 필수 조건이라고 말하기도 한다.

어디에 있든, 무엇을 하든 미소는 가장 간단하면서도 사람들과 원활하게 소통하게 해 주는 하나의 '언어'이다. 미소 하나로 상대는 마음의 위안을 얻고 그 사람에게 더 가까이 다가가고 싶다는 생각을 하게 된다. 그러니 당신의 아이가 주변 사람들에게 미소라는 이 언어를 활짝 내보이게 해 주자. 아이는 지금 맺고 있는 관계뿐 아니라 앞으로 인생에서 만들어 갈 모든 인간관계에서 조화로움을 이끄는 사람이 될 것이다.

이처럼 인간관계 속에서 미소는 '결코 꺼지지 않는 녹색 신호등'이라 할 수 있다. 그뿐만이 아니다. 미소 짓는 내 아이의 얼굴을 떠올려 보자. 그 자체만으로도 형언할 수 없이 아름답지 않은가? 이를 부모뿐 아니라 세상의 다른 사람들에게도 선사하게 하자. 진실한 미소는 고귀한 하나의 예술이며, 값어치를 따지기 힘든 보석과 같은 존재이다.

# 03

작은 호의가 큰 효과를 낳는다

**선행은 그 크고 작음이 중요한 것이 아니며, 한 번의 작은 선행도 그 결과와 영향력은 엄청날 수 있다.** 사실 선행은 꼭 무언가를 해야만 표현되는 것이 아니다. 때로는 말 한마디, 작은 행동 하나, 다정한 미소, 심지어 '못 본 체'해 주는 시선 등이 누군가에게는 충분한 선행이 될 수 있다.

그러나 평소 사람들은 작은 선행에는 별 의미를 두지 않는다. 하든 안 하든 큰 차이가 없기 때문이다. 하지만 때로는 아주 작은 손짓 하나가 누군가의 인생에 대단한 영향력을 발휘할 수 있다. 타인에게 호의를 표현하는 방법은 아주 다양하다. 꼭 어떤 위대한 방식이 필요한 것이 아니다. 때로는 아주 간단한 행동 하나가 생각지 못한 결과를 가져오기도 한다. 가벼운 미소나 다음 사람을 위해 문을 잡아 주는 행동, 친필로 쓴 편지나 친절한 말 한마디 등 우리가 할 수 있는 선한 표현은 무궁무진하다.

프랑스의 소설가 모파상은 "오만하고 불화를 일으키는 사람은 물질적인 손해를 볼 뿐 아니라 삶의 즐거움까지 잃어버린다"라고 말했다. 이 말은 많은 생각을 불러일으킨다. 변화무쌍한 세상과 복잡한 인간관계 속에서도 미소를 띠고 주변 사람들과 화목하게 지내며 서로 도움을 주고받다 보면 다정한 미소와 말 한마디, 작은 행동 하나가 자기 스스로는 물론 주변의 모든 것을 감동시키고 변화시킨다는 사실을 깨우쳐 주는 것이다.

자기 삶에 자신감이 있는 사람은 내면에 품은 선한 마음이 미소를 통해 얼굴에 드러나고, 또 선한 행실로 드러난다. 가볍게 미소 한번 지었을 뿐이지만 이로써 얻을 수 있는 것들은 상상을 초월한다. 반대로 분노는 일 처리에 아무런 도움이 되지 않고 상황을 악화시키기만 한다. 결국 삶의 즐거움은 물론이고 많은 것들을 잃게 된다.

미국의 대형 기업에서 일하는 한 청소부는 평소 사람들에게 무시와 홀대를 받았다. 그러던 어느 날 밤 그 기업에 강도가 들어 금고를 털려 했는데, 그 청소부가 죽기 살기로 싸워 강도를 막아 냈다. 이후 회사 측은 그의 공로에 감사하며 표창을 수여하면서 용감하게 행동할 수 있었던 이유를 물었다. 그의 대답은 의외였다.

"대표님께서는 저를 만나면 항상 이렇게 말씀하셨습니다. '정말 깨끗하게 청소를 잘하시네요'라고요."

이렇듯 말 한마디가 상대방의 마음에 감동을 주어 선의의 일을 하도록 이끌곤 한다. 당신의 자녀 역시 주변 사람들에게 사랑과 호의를 베풀게 하자. 설령 오늘 당장 기적 같은 일이 일어나지는 않는다고 해도, 그런 다정함을 꾸준히 갖는다면 언젠가는 그 덕분에 빛나는 날이 찾아올 것이다.

사람들이 자신을 좋아하고 인정하며 사랑한다는 사실을 알고 있는 아이는 하루하루를 행복감과 함께 보내며 이 세상 역시 아름답게 바라본다. 설령 매우 내성적이거나 혼자 있기를 좋아하는 아이일지라도 마음속에 똑같이 이런 생각을 품게 도와주자. 가족과 친구, 주변 사람들의 사랑과 호의가 필요하지 않은 아이는 그 어디에도 없다.

지금 당신의 자녀에게도 이러한 사랑이 필요하다. 부모는 자녀에게 선한 마음을 품고 사랑을 베풀어 줄 의무와 책임이 있다. 아이가 이 세상을 아름답다고 여기는가, 그렇지 않은가는 상당 부분 부모의 사랑과 연관이 있기 때문이다.

사실 우리는 부모뿐 아니라 이 세상을 살아가는 한 인간으로서도 사랑을 베풀 책임이 있는 존재이다. 부모와 자녀 간의 관계를 막론하고, 상대를 존중하고 이해하며 선한 마음으로 대하는 연습을 하자. 다만 그 표현 방식은 동정과 연민, 구제가 아닌 순수한 호의에서 비롯되어야 한다. 우리 아이가 그것을 보고 배울 것이다.

# 04

예의, 남과 나를 동시에 존중하는 길

**다른 사람에게 예의 바른 아이가 되도록 가르치는 일을 결코 간과해서는 안 된다.** 대인 관계에서는 이것이 하나의 보증수표로 작용하기 때문이다. 당신의 인간관계를 떠올려 봐도 마찬가지일 것이다. 내가 상대를 어떻게 대하느냐에 따라 상대의 태도도 달라진다.

모든 사람은 대화를 나누거나 교제할 때 일정한 사회적 위치, 말하자면 '신분'으로 상대에게 다가가 자신의 생각이나 감정을 표현하고 전달한다. 따라서 교제에서 탁월한 효과를 얻고 싶다면 상대를 잘 알아야 할 뿐 아니라 자신의 신분을 정확히 인식해야 한다. 어떤 사람을 대하든 상대를 존중하며, 교양 있고 품격 있는 언어와 지위에 어울리는 어휘를 구사하며, 자존감도 지킬 줄 알아야 하는 것이다. 그렇다면 내 아이에게 어떻게 예절을 가르쳐야 할까?

## (1) 상대를 존중하는 법을 알려 주어라

예의 바른 사람이 되기 위해서는 먼저 타인을 존중하는 법을 알아야 한다. 다시 말해 주변 사람을 존중해야 하는데, 특히 어른에 대한 존중이 필요하다. 가끔 어린아이들이 버스에서 노인에게 자리를 양보하지 않거나 심지어 자신이 차지하려는 모습을 보게 된다. 어른을 존중하는 아이로 자라게 하려면 먼저 부모가 모범을 보이자.

어느 사찰의 어린 승려가 집집마다 다니며 음식을 얻어먹는 행위인 탁발을 하던 중 한 아낙네와 언쟁이 붙었다. 둘의 말싸움은 점점 심해지더니 몸싸움으로 번졌고 결국 서로의 얼굴에 상처를 내고 말았다. 조금 뒤 다른 승려가 부리나케 달려와 싸움을 겨우 말리고, 상처 입은 어린 승려를 사원으로 데리고 왔다.

상황의 앞뒤를 알게 된 어린 승려의 스승은 그를 나무라지 않았고, 다만 함께 그 아낙네를 찾아가 사과의 뜻을 전했다. 아낙네는 스승의 사과를 받아들이더니 사실 그 싸움은 모두 자기 탓이었다고 말하며 탁발 중인 승려와 싸움을 한 자신을 부끄러워했다.

그리하여 그 문제는 원만하게 해결되었다. 스승과 어린 승려가 이렇다 할 해명을 하지 않았는데도 여인은 그들을 이해하고 용서했다. 그렇게 사건을 잘 해결하고 나자 날이 어둑어둑해졌다. 발걸음을 재촉해 사원으로 돌아가던 중 스승이 그만 돌부리에 걸려 넘어지고 말았다. 어린 승려는 넘어진 스승을 부축해 일으켜 세운 뒤 돌멩이에 화를 내며 힘껏 걷어찼다. 그러자 스승이 어린 승려에게 이렇게 말했다.

"돌멩이는 원래부터 거기에 있었지. 내가 조심하지 않아 넘어진 것이니 결코 돌을 탓할 수 없네. 오히려 내가 자초해 걸려 넘어졌으니 돌멩이에게 사과를 해야 마땅하지 않겠는가?"

어린 승려는 그 자리에 한참을 멍하니 서 있었다. 그러고는 스승의 가르침에 깨달음을 얻고 반성하며 말했다.

"스승님, 제가 틀렸습니다. 이제부터는 더욱 수양에 몰두해 다른 사람을 존중하고 타인을 배려하겠습니다. 다시는 같은 잘못을 저지르지 않겠습니다."

혈기 왕성한 젊은이들은 이처럼 개인 수양의 중요성을 쉽게 간과한다. 그들은 기회의 중요성은 알고 있지만, 많은 기회가 타인을 존중하는 데서 찾아온다는 사실은 잘 알지 못한다. 외모로 사람을 평가하고 지위에 따라 사람을 다르게 대하는 등의 태도는 모두 상대를 존중하지 않는 데에서 비롯된다. 부모는 자녀에게 살면서 만나는

모든 사람은 진실한 마음으로 존중해야 하며, 대인 관계에서 문제가
발생하면 먼저 자신에게 잘못은 없는지 돌아봐야 한다는 사실을 알
려 주어야 한다. 그래야만 아이는 좋은 인간관계를 유지하면서 진정
한 친구도 얻을 수 있다.

## (2) 친구와 사이좋게 지내게 하라

친구와 원만하게 지내려면 우선 양보를 할 줄 알아야 한다. 양보
는 인류에게 일종의 문명적인 행동으로, 상대를 존중하는 마음에서
시작된다.

대화를 나눌 때도 상대를 존중해야 한다. 자신의 의견을 말할 때
는 상대의 반응을 고려해야 하며, 상대에게도 말할 기회를 주고 그
의 의견에 충분히 귀를 기울여야 한다. 말하는 도중에 끼어들거나
화제를 갑자기 전환하는 것은 무례한 행동임을 알려 주자. 또 설령
아이가 상대의 의견과 다른 생각을 가졌다 해도 어디까지나 예의를
지키면서 자기 관점을 전달하도록 짚어 주어야 한다. 상대를 조롱하
거나 공격해서는 안 되며, 사실에 근거해 의견을 조리 있게 말하고
그 이치를 서술하게 도와주자.

## (3) 단정한 외모를 갖추게 하라

꾀죄죄하고 후줄근한 모습이 다른 사람을 존중하는 것과 무슨
관련이 있느냐고 생각할지도 모른다. 하지만 결코 그렇지 않다. 당신

이 누군가를 만나는 자리에 나갔다고 가정해 보자. 상대방이 지저분한 상태로, 혹은 대충 수습한 옷차림과 외모로 허겁지면 등장했다면 당신은 어떤 생각을 할 것 같은가? 우선 상대가 준비성이 부족한 성격이라고 느낄 것이고, 그 사람이 나를 존중하지 않거나 심하게는 무시한다는 뜻으로도 받아들일 수 있다.

이는 아이들의 경우에도 마찬가지다. 내 아이에게 단정한 외모가 대인 관계에서 중요한 이유를 분명히 알려 주고, 아이 스스로 이를 챙길 수 있도록 도와주자.

## (4) 자존감을 유지하면서 상대를 대하게 하라

비굴하게 굽실대는 사람은 상대를 존중하는 사람이 아니라 자존감을 포기한 사람이다. 자존감, 즉 자기 자신을 존중하는 마음이 없는데 상대방을 존중한다는 것은 있을 수 없는 일 아닌가. 특히 다른 사람과 함께할 때 아이는 자존감을 지킬 줄 알아야 한다. 모욕이나 무시, 비방을 받는다고 하더라도 스스로를 존중하는 감정을 결코 포기해서는 안 된다.

그런데 이러한 자존감을 지키면서 다른 사람의 무시를 이겨 내는 데에는 '교양'이 필요하다. 자칫 잘못하면 원망과 복수로 갚아 주려는 마음이 생기기 때문이다. 그 대신 아이가 사안의 본질에 집중하게 해야 한다. 타인이 주는 모욕에 거친 말이나 몰상식한 행동으로 대응하는 방법은 진정한 힘을 발휘하지 못한다는 사실을 일깨워 주

자. 이기겠다는 욕망 때문에 스스로를 냄새나는 구렁텅이로 몰아가는 것과 다를 바 없다고 말이다. 이는 자신을 존중하는 행위가 아니다. 예의 바르게 상대를 대하고 존중하는 사람이야말로 무엇보다 자기 자신을 존중한다. 아이가 이 점을 반드시 기억하게 해 주자.

예절은 인간으로서의 교양을 담고 있는 것으로, 우리 생활 곳곳에서 작은 행동을 통해 드러날 수 있어야 한다. 그러므로 부모는 사소한 일부터 자녀에게 모범을 보이고 주변 사람들에게 항상 예의 바른 모습을 유지하자. 아이에게는 선생님을 만나면 먼저 인사하고 대답을 할 때는 자리에서 일어나며 무언가를 건의할 때 공손하게 말해야 한다는 점을 일러 주어야 한다. 또 말과 행동이 같도록 하여 남에게 약속한 일은 반드시 지켜야 한다는 것, 예의 바른 말을 사용하고 양보와 진심을 통해 친구들과 사이좋은 관계를 유지해야 한다는 것을 알려 주자.

이렇게 아이가 상대방에게 예의 바른 모습을 보이면, 상대는 자신이 존중받고 있다는 느낌에 기분이 좋아진다. 그러면 그 사람 역시 자연스럽게 아이에게 호감이 생겨 예의를 갖추어 행동하게 된다. 이것이 아이의 독보적인 매력이 된다면, 머지않아 수많은 행운이 찾아올 것이다.

# 05

겸손해야 성장한다

겸손은 일종의 미덕으로, 한 사람이 자신이 거둔 성과나 스스로의 문제점을 더욱 명확하게 인식할 수 있도록 도와주며 주관과 객관, 개인과 집단 사이의 관계를 정확히 이해하도록 해 준다. 따라서 부모는 자녀에게 겸손의 반대 개념인 교만은 실패를 불러오며 적을 만드는 주범이라는 사실을 알려 줄 필요가 있다.

늘 배우는 자세로 성실하게 일하는 사람만이 진정한 결실을 볼 수 있다. 교만해지는 순간 그 사람은 성장을 멈출 수밖에 없다. 게다가 자만은 개인의 성장은 물론 함께 일하는 파트너와 소속된 단체에도 악영향을 미친다. 이는 당신 또한 부모이기 전에 사회인으로서 여실히 겪어 보았을 것이다.

과학자 아인슈타인에게 어느 날 한 젊은이가 이렇게 물었다.

"선생님은 이미 물리학계에서 전례 없는 천재로 꼽히고 있습니다. 그런데 왜 아직도 그렇게 열심히 공부하시는 겁니까? 이제 편히 쉬면서 인생을 즐기셔도 되지 않나요?"

아인슈타인은 그 질문에 바로 대답하지 않고 종이와 펜을 가져왔다. 그러고는 종이 위에 큰 원과 작은 원을 하나씩 그렸다. 그는 젊은이에게 그림을 보여 주며 말했다.

"지금은 물리학이라는 영역에서 내가 알고 있는 지식이 자네보다 조금 더 많을 수는 있지요. 자네의 지식은 이 작은 원과 같고, 내가 아는 건 이 큰 원과 같을 겁니다. 하지만 물리학이라는 건 끝이 없는 영역이에요. 작은 원은 둘레가 짧아서 접촉할 수 있는 미지의 영역도 적지요. 그래서 자신이 모르는 것이 비교적 적다고 생각할 겁니다. 하지만 큰 원은 둘레가 긴만큼 접촉하는 외부의 면적도 크지요. 그러니 자신이 모르는 게 정말 많다고 생각하고, 끊임없이 탐구해 나갈 수밖에 없는 겁니다."

하루하루 살며 세상을 더 경험할수록, 무언가에 대해 잘 안다고 자신하기란 더더욱 어려워진다. 끝없이 배워 나가야 하는 존재가 바로 인간이 아닐까? 그러니 우리 아이 역시 자만과 교만을 경계하고 겸손의 미덕을 갖추도록 도와주자. 그렇다면 어떻게 자녀를 겸손한 아이로 키울 수 있을까?

## (1) 교만의 위험성을 알려 주기

특히 똑똑한 아이의 경우 교만한 마음을 갖기가 쉽다. 그래서 부모의 적극적인 지도가 필요하다.


소크라테스와 그의 제자들이 모여 이야기를 나누고 있었다. 그중 부유한 아버지를 둔 한 제자가 거만한 목소리로 자기 집안이 아테네 근처에 매우 비옥한 땅을 가지고 있다는 자랑을 늘어놓았다.

그의 옆에서 아무 말 없이 듣고만 있던 소크라테스가 어디선가 세계지도 한 장을 가져오더니 이렇게 물었다.

"미안하지만 아시아가 어디 있는지 짚어 보겠나?"

그러자 그 제자는 손가락으로 지도의 한 곳을 짚으며 득의양양한 목소리로 대답했다.

"여기 전체가 다 아시아죠."

"좋아. 그럼 그리스는 어디에 있나?"

소크라테스가 또 물었다. 그러자 제자는 어렵사리 지도에서 그리스를 찾아내어 손가락으로 짚었다. 아시아와 비교해 보면 정말로 작은 규모였다.

"그렇다면 아테네는 어디에 있는가?"

소크라테스가 또 묻자 제자는 "아테네는 더 작지요. 아마도 이쯤에 있는 것 같습니다"라고 대답하며 지도에 그려진 작은 점 하나를 가리켰다. 이어서 소크라테스가 마지막 질문을 던졌다.

"그렇다면 방금 말한 자네 집안의 그 비옥한 토지가 어디에 있는지 알려 주겠나?"

그러자 제자는 식은땀을 흘리기 시작했다. 방금까지 자랑을 늘어놓던 그 땅은 지도에서 그림자조차 찾아볼 수 없었기 때문이다. 그는 어떤 깨달음을 얻은 듯한 목소리로 이렇게 대답했다.

"죄송합니다. 찾을 수가 없습니다!"

평소 학업 성적이 우수하거나 어떤 방면에서 특기를 발휘하는 아이들은 부모와 선생님의 칭찬에 익숙하다. 하지만 지나친 칭찬은 아이들을 잘못된 길로 인도해 자기를 정확하게 인식하지 못하게 만들고 교만한 마음이 들게 한다. 이런 아이들은 자신의 장점을 과대 해석하는 반면 문제점은 보지 못하고 다른 사람을 얕보는 심리가 생긴다. 또 다른 사람들의 진심 어린 충고를 받아들이지 못하고 맹목적인 우월감에 빠져 지내다가, 노력도 점점 느슨해져 결국에는 성적이 떨어지는 등 예전만큼 우수한 면모를 보여 주지 못한다.

그렇기 때문에 부모는 자녀에게 교만은 건강한 성장의 걸림돌이라는 사실을 알려 주고 모든 성취란 올라갈 때가 있으면 내려갈 수도 있다는 점을 가르쳐야 한다. 특히 학업에서 지식은 바다와 같아서, 무언가 하나를 알았다고 우쭐대며 더 이상 노력하지 않는 것은 도리어 얕은 지식의 한계를 드러내는 행위와 다름없다는 사실을 일러 줄 필요가 있다.

## (2) 정확한 자기 인식을 도와주기

교만함은 어디서 출발하는 것일까? 바로 어떤 부분에서 특기를 가졌거나 우수함을 발휘하는 데서 시작된다.

만일 내 아이가 교만한 편이라면, 부모는 먼저 아이가 그렇게 구는 근본적인 원인이 무엇인지를 파악해야 한다. 가령 우수한 학업 성적 때문인지 예술적인 잠재력인지, 혹은 뛰어난 운동신경 때문인지 말이다. 그런 다음 아이에게 그 특기나 장점은 지금 속한 작은 무리 안에서 돋보이는 것일 뿐 더 넓은 세계로 나가면 별스럽지 않은 것이 될 수도 있음을 인식하게 해 주어야 한다. 계속 노력해서 나름의 성과를 얻어 나가야 하며 나태해져서는 안 된다고 가르쳐야 한다.

또 장점은 언제나 미흡한 부분과 공존한다는 사실을 일러 줌으로써, 아이가 자신의 부족함을 채우도록 도와주어야 한다. 이와 더불어 자녀에게 '좋은 성적을 거둔 것은 분명 너의 노력을 통해 얻은 성과이지만, 거기에는 부모의 보살핌과 선생님의 지도, 친구들의 도움이 함께 있었다는 사실'을 알려 주도록 하자.

한편, 올바르지 못한 비교 역시 교만한 마음을 부추긴다. 이를테면 자신의 장점을 누군가의 단점과 비교하는 식이다. 그러면 쉽게 자만심에 빠지고, 모든 부분에서 본인이 우수하다고 착각하면서 다른 사람을 얕보게 된다. 따라서 부모는 아이가 자기만의 좁은 우물에서 나와 좀 더 넓은 마음으로 세상 곳곳을 둘러보며 교만함을 다스릴 수 있도록 지도해 주어야 한다. 가령, 역사 속 인물들의 재능과 성과에 대한 이야기를 자주 들려주는 방법도 권할 만하다.

### (3) 타인의 충고와 조언을 받아들이게 하기

교만한 마음은 대개 다른 사람의 충고와 조언을 잘 수용하지 않는 데서 비롯된다. 반면에 자신을 향한 이런 말들을 올바로 인식하고 받아들일 줄 아는 사람은 평생을 배우고 발전하며 살아갈 수 있다. 자신감이 있으면서도 겸손함을 잃지 않는 사람은 타인에게도 따뜻한 관심을 기울이고 보살피거나 다독여 줄 수 있다.

어쩌면 당신은 아이가 자라서 어른이 되어야만 비로소 겸손이라는 미덕을 알게 된다고 여겨 왔을지도 모른다. 그러나 이는 잘못된 생각이다. 겸손은 인간이 지녀야 할 여러 성품 중에서도 매우 근본적인 것이며, 훌륭한 성품은 다름 아닌 겸손에서 시작된다. 따라서 어릴 때부터 겸손에 대한 교육이 필요하다.

# 06

유아독존 바로잡는 법

**선생님들을 가장 힘들게 하고 유독 골치 아프게 만드는 것은 어떤 유형의 아이들일까?** 바로 남의 말이나 의견을 무시한 채 오로지 '나 홀로' 존재하는, 독단적인 아이들이다.

이 아이들에게는 공통점이 있는데, 친구들과 툭하면 싸우거나 친구들을 무시하며 학칙을 위반하는 등 선생님의 지시를 잘 따르지 않고 수업 시간에 마음대로 돌아다니기도 한다. 선생님들은 이런 아이들을 떠올리기만 해도 고개를 젓는다. 물론 이런 자녀를 둔 부모들도 골머리를 앓기는 마찬가지다. 어떻게 해야 아이를 제대로 가르쳐서 멋대로인 행동을 고칠 수 있을지 막막해한다.

이러한 아이들을 살펴보면 무리 안에서 '왕 노릇'을 하길 좋아하며 무엇을 하든지 자신이 주도권을 잡고 싶어 한다. 이 같은 행위가 나타나는 이유로는 주로 다음과 같은 것들을 꼽을 수 있다.

## (1) 나만 잘났다는 착각

이런 아이들은 일반적으로 가정에서 과잉보호 속에 자란 경우가 많다. 어릴 때부터 모든 가족 구성원이 아이를 중심으로 생활하다 보니, 만사에 자기중심적 사고가 배어들어 제멋대로이고 독단적인 성격이 형성된 것이다. 그래서 또래 무리 내에서도 친구들이 자신의 말을 무조건 들어야 한다고 생각하며, 심지어 다른 친구들을 무시하거나 비난하기도 한다. 이런 아이들은 타인을 무시하고 조롱하는 과정에서 허영심을 채우고 자신이 우월하다고 느낀다.

## (2) 주변 환경의 영향

환경적인 영향은 여러 방면으로 나뉜다. 어떤 아이는 부모의 강압적인 가정교육 때문에 늘 압박감에 시달리며, 또 어떤 아이는 민주적이지 않은 부모 탓에 자신이 마땅히 누려야 할 권리를 행사하지 못한다. 이런 환경에서 자란 아이들은 자신의 억압된 정서를 친구들 사이에서 발산하려고 하거나, 부모의 행동을 모방해 힘이 센 친구

또는 부유한 친구에게 기대어 다른 친구들을 무시하고 자기 뜻대로 행동하도록 강요한다.

물론 가정 내에서가 아니라 외부로부터 간접적인 영향을 받는 아이들도 있다. 가령 텔레비전 프로그램이나 영화 속 폭력적인 장면을 보고, 이를 그대로 모방해 다른 친구들에게 똑같이 적용하는 경우도 존재한다.

### (3) 잘못된 인식과 과거의 경험

과거에 누군가에게 따돌림이나 괴롭힘을 당한 경험이 있는 아이들의 경우, 그에 대한 복수심 탓에 '힘으로 모든 것을 제압해야 한다'고 생각함으로써 친구들에게 무력을 행사하기도 한다. 이런 그릇된 생각은 대개 복수심이 강하거나 충동적으로 행동하는 아이들 사이에서 자주 나타난다.

하버드에서는 아이들에게 '평등하고 사이좋은' 교우 관계를 유지하도록 가르친다. 그런데 사실 아이의 독단적인 행동을 얼마나 잘 통제하는가는 부모의 태도에 달려 있다.

새총을 가지고 놀던 피터는 실수로 친구를 향해 쏘는 바람에 친구의 눈에 상처를 입혔다. 당시 그곳에 있던 아이들은 이것이 정확히 누구의 책임인지 알지 못했다. 하지만 일의 앞뒤 정황을 알게 된 피터의 엄마는 피터를 데리고 그 친구에게 갔고, 직접 사과하게 하면서 치료비도 물도록 했다. 그녀는 아들 피터에게 매일 그 친구와 한 시간씩 함께 놀면서 수업 내용을 얘기해 주고 재미있는 이야기도 들려주도록 시켰다.

물론 피터가 일부러 친구에게 새총을 쏜 것은 아니었지만, 엄마의 이런 대처법은 피터에게 위험한 행동이 얼마나 심각한 결과를 가져오는지 깨닫게 해 주었으며 이후 아들의 말썽 또한 크게 줄었다.

아이가 어떤 잘못을 저질렀을 때 이를 무조건 수용하고 받아 주면, 아이는 옳고 그름을 분간하지 못한 채 제멋대로 날뛰는 사람으로 자라게 된다. 그러므로 자녀가 이와 유사한 행동을 보이면 부모는 적절한 채찍을 사용해 다시는 남을 괴롭히거나 무시하지 않도록 가르쳐야 한다. 단, 아이의 행동을 고치는 과정에서 다음과 같은 점에 유의하자.

### (1) 아이의 비합리적인 요구는 거절하라

학교에서 독단적인 모습을 보이는 아이들은 공통적으로 자기중심적인데, 대다수의 경우 이는 부모에게서 지나친 보호와 사랑을 받았기 때문이다. 자녀를 교육할 때 부모는 올바른 태도와 방법을 사용해야 하며 아이의 비합리적인 요구는 끝까지 거절할 수 있어야 한다. 아이가 '유아독존'의 생활 방식을 형성하지 않도록 가정에서 반드시 다잡아 주자.

## (2) 상대방의 입장을 생각하게 하라

다른 사람을 괴롭히거나 따돌리는 행동이 그 사람의 생리적·심리적 건강에 얼마나 많은 상처를 남기는지 짐작하게 해 보자. 관련 자료와 영상을 아이에게 보여 주고 '만일 나라면 어땠을까?'라는 질문을 제시함으로써 입장을 바꿔 볼 기회를 주는 것이다. 이를 통해 아이는 피해를 입은 사람의 처지를 생각할 수 있고, 그런 행동이 사람과 사회에 해를 가하는 일임을 인지하게 되어 문제 해결에 많은 도움이 된다.

## (3) 품어 주기식 교육을 금하라

이제껏 아이에게 강압적인 교육법을 사용해 왔다면, 방법을 바꾸는 편이 좋다. 체벌을 멈추자. 그 대신 인내심을 갖고 아이를 도와주고 교육하며, 아이에게 자주권을 부여하고 조금 더 민주적이고 평등한 집안 분위기를 조성하자. 가정의 분위기가 바뀌면 아이는 보복 심리가 사라지고 친구들에게도 다정하게 대할 것이다.

## (4) 아이 앞에서 다른 사람을 무시하지 말라

부모는 먼저 자신의 언행에 주의를 기울여 평소 아이 앞에서 다른 사람을 무시하는 발언을 하지 말아야 한다. 이로써 아이가 부모의 나쁜 버릇을 따라 하지 않도록 도와주어야 하며 무력을 행사하거나 일종의 우월감을 느끼고자 다른 친구를 괴롭히는 일이 없도록 해야 한다. 아이는 시시각각 부모의 행동을 보고 모방한다는 사실을 기억하라.

## (5) 무력으로 문제를 해결하게 하지 말라

아이가 친구에게 괴롭힘을 당하고 있다면 부모는 먼저 그 원인을 정확히 살펴보아야 한다. 그리고 괴롭힘을 당하면 저항하는 것이 맞지만, 그렇다고 무력을 행사해서는 안 된다는 사실을 아이에게 가르쳐야 한다. 그와 동시에 아이에게 친구들과 잘 어울릴 수 있는 방법을 알려 주자. 협력의 즐거움을 알게 하고, 적극적이고 긍정적인 방법을 사용해 목표에 도달하도록 격려하는 것이다.

# 07

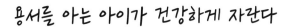

용서를 아는 아이가 건강하게 자란다

**먼저 아홉 살 난 아들 잭의 어머니가 하는 이야기를 들어 보자.**

"하루는 제가 마당에서 차를 마시고 있었어요. 그런데 갑자기 집 안에서 전화벨이 울렸죠. 전화를 받고 깜짝 놀랐어요. 아들 잭의 울음소리가 들려왔거든요. 아이는 제게 약속한 시간보다 한 시간 일찍 친구네 집에서 자기를 데리러 와 달라고 말했어요. 잭을 데리러 가서 차에 태우자 아들은 큰 소리로 울면서 하소연했어요. '아까 스

콧이랑 싸웠어요. 스콧이 이제부터 저는 자기랑 친한 친구가 아니래요. 앞으로 평생 저랑 안 놀 거래요!'

그런데 아들과 집에 도착하자마자 전화벨이 울렸어요. 스콧이었죠. 스콧은 잭에게 전화를 걸어 미안하다고 사과했어요. 하지만 잭은 스콧을 용서하지 않더라고요. 그렇게 몇 시간이 흘렀고, 저는 잭과 오후에 스콧의 집에서 있었던 일에 관해 대화를 했어요. 그리고 아들의 속상한 감정과 둘의 우정 중 어떤 게 더 중요한지 진지하게 이야기를 했죠. 저는 잭에게 만일 앞으로 정말 스콧과 놀지 않는다면 어떨지 물었어요.

한참을 생각하던 아이는 스콧에게 전화를 걸었죠. 그러고는 묻더군요. '내일 학교 끝나고 우리 집에 놀러 올래?'

잭이 이렇게 물어본 건 이미 스콧을 용서했다는 뜻이었어요. 용기를 낸 아들이 참 대견스러웠어요. 용서는 사과보다 훨씬 더 힘든 일이니까요!"


용서란 매우 귀한 미덕으로, 한 다발의 꽃처럼 사람들에게 진한 향기와 함께 따뜻함을 선사한다. 이는 아이의 건강한 성장에 크게 도움이 되는데, 특히 정서적 건강과 원만한 대인 관계에 중요한 역할을 한다. 타인에 대한 용서를 아는 사람은 일반적으로 마음이 선하며, 온순하고 따뜻한 성격으로 타인을 보듬어 줄 줄 안다. 용서하는 마음은 아이의 삶에 간접적인 영향을 주기도 하지만,

아이가 거두는 성과에 직접적인 영향을 미치기도 한다. 하버드대학교의 연구에 따르면 하버드의 학생 대부분이 남을 용서하는 선한 마음을 지녔으며, 이러한 성품은 보통 부모님의 영향을 받은 것으로 나타났다.

그러나 타인에 대한 관용과 아량이 부족한 부모들이 많다. 그들은 아이가 아주 어릴 때부터 '용서가 없는' 교육법을 추구한다. 자녀의 잘못을 너그럽게 이해해 주거나 다독여 주지 않을뿐더러, 아이가 학교에서 괴롭힘을 당하거나 억울한 일을 당하면 "상대가 사과하면 너도 받아 주고, 상대가 때리면 너도 똑같이 때려" 하는 식으로 가르치는 것이다. 이런 교육은 아이의 친구 관계에 문제만 일으키며 훗날 성인이 되면 대인 관계에도 좋지 않은 영향을 미친다.

물론 부모가 자녀를 아끼고 사랑하는 것은 당연한 일이다. 하지만 아이의 아픔을 안타까워하되 어디까지나 올바른 교육법으로 가르치고 인도해야 한다. 사사건건 잘잘못을 따지고 예민하게 굴 것이 아니라, 때에 따라서는 어떤 상황 혹은 사람을 이해하고 받아들일 필요도 있다는 사실을 일러 주어야 한다.

아이가 눈앞의 억울함에만 급급해하지 않도록 도와주자. 그것이 전부가 아님을 가르치자. 용서라는 미덕을 아는 아이는 또래 간 관계에서 매끄럽게 대응할 수 있을 뿐 아니라, 미래의 자기 행복을 위한 초석도 탄탄히 다질 수 있다.

태국의 한 휴양지에서 있었던 일이다. 난처한 얼굴의 직원이 여섯 살 정도 되는 미국인 여자아이를 위로하고 있었다. 잔뜩 겁먹은 아이는 너무 울어 이미 기진맥진한 상태였다. 그날 리조트에서는 어린이 테니스 수업이 있었다. 그런데 수업에 참여한 아이들이 많아서 직원이 실수로 한 명을 빠뜨리고 세는 바람에, 그 아이를 테니스장에 남겨 놓은 채 그냥 떠나 버렸던 것이다. 나중에 학생 수를 세어 보던 직원은 한 명이 모자란다는 사실을 알아챘고, 테니스장으로 부리나케 달려가 아이를 데리고 돌아왔다.

테니스장에 혼자 남겨졌던 아이는 놀라 울음을 터뜨렸고, 직원이 도착했을 때는 진이 다 빠질 정도로 눈물을 흘린 모습이었다. 얼마 후 아이의 엄마가 소식을 듣고 딸을 데리러 왔다. 아이의 엄마는 여전히 훌쩍이는 딸 곁에 쭈그리고 앉아 이렇게 말했다.

"괜찮아. 저 언니도 네가 보이지 않아 너무너무 걱정했대. 하지만 언니가 일부러 그런 건 아니야. 그러니까 언니 볼에 뽀뽀해 주자."

엄마의 위로를 들은 아이는 울음을 그쳤다. 그러고는 까치발을 들어 자기 옆에 함께 쭈그리고 앉아 있는 직원의 볼에 뽀뽀를 해 주며 이렇게 말했다.

"이제 괜찮아요."

그러자 더욱 미안해진 직원은 눈물을 보였다.


만일 당신이 아이의 엄마였다면 어떻게 했을까? 버럭버럭 화를 내면서 아이를 데리고 그곳을 떠났을지도, 그리고 다시는 어린이 테니스 수업 같은 건 보내지 않았을지도 모른다.

아마도 대다수 부모들이 굉장히 분노했을 것이다. 당연한 일이다. 하지만 위 사례에서 아이의 엄마는 이때 아이에게 용서에 관해 가르쳤다. 상황을 용서를 알려 줄 기회로 활용한 것이다. 덕분에 아이는 사람의 가장 위대한 품격이 무엇인지 똑똑히 배웠다.

물론 당신은 이러한 해법에 동의하지 않을지도 모른다. 하지만 내 아이가 분노와 아픔으로 시간을 계속 흘려보내기보다는, 용서를 통해 자신과 다른 사람들에게 행복한 나날을 선물하는 편이 더 바람직하지 않을까? 누군가에 의해, 또 어떤 사건에 의해 상처 받지 않고 살아간다는 것은 애초에 불가능하기 때문이다.

많은 경우에 용서는 타인은 물론 자기 자신에게도 도움이 된다. 용서를 할 때마다 나에게 박힌 오점도 깨끗이 씻겨 나가면서, 인격적으로 보다 나은 사람으로 거듭날 수 있다. 용서는 숱한 번뇌와 쓸모없는 걱정을 잊게 하고 행복을 가져다준다. 당신의 아이에게 아름다운 미래와 행복, 그리고 의미 있는 인생을 선사하고 싶다면 용서의 기술을 전수해 주자.

아이가 가족 외에 어린 시절 가장 자주 접하는 공동체
구성원은 바로 선생님, 그리고 친구들이다. 아이 평생에
처음으로 사회생활을 하면서 만나는 사람들이라 할 수 있다.
따라서 아이가 이들과 잘 지내도록 돕는 것은 곧 아이의 첫
사회생활을 도와주는 것과 같다.
선생님과 친구들의 마음속에 아이가 '좋은 제자', '좋은
친구'로 자리 잡으려면 부모의 역할이 절대적으로
중요하다. 그렇다면 부모는 어떻게 아이를 교육해야
할지, 지금부터 그 방법을 구체적으로 알아보자.

STEP
5

사람들과
어울리기

# 01

## 질문이 많은 아이는 아는 것도 많아진다

선생님들은 교과서 내의 지식만 습득하고 그저 착실하게 말 잘 듣는 학생보다는 망설임 없이 질문하고 문제를 제기하며 창의력 넘치는 학생을 '좋은 학생', '인상적인 아이'로 평가한다.

하지만 부모들과 교사들의 이야기를 들어 보면 그렇지 않은 아이들이 훨씬 많다. 집에서도 궁금한 것을 부모에게 별로 물어보지 않으며, 수업 시간에는 입을 다문 채 모르는 내용이 나와도 질문을 하지 않는다고 한다.

올리비아는 모르는 것이 있으면 곧잘 질문을 하는 아이다. 어느 날 올리비아와 부모님은 물건을 사러 마트에 갔고, 총 45달러 치를 구매했다. 영수증에는 금액이 '45.00달러'라고 적혀 있었다. 이를 보고 한참 생각하던 올리비아가 부모님에게 물었다.

"영수증에 찍힌 숫자는 왜 뒤쪽에 꼭 '0' 두 개가 붙어요?"

올리비아의 부모님은 나름대로 이야기해 주었지만 딸이 만족할 만한 대답을 주지는 못했다. 얼마 후 수학 시간에 올리비아는 지난번 마트에서 봤던 영수증 생각이 났고, 거리낌 없이 손을 들고 질문한 덕분에 충분한 답을 얻을 수 있었다.

지식을 습득하는 과정에서 아이는 종종 궁금증이 생기지만 혼자서는 해결하기 어려운 문제들을 수없이 접하게 된다. 이럴 때 용감하게 질문하는 아이만이 답을 얻을 수 있고, 계속해서 생각의 가지를 뻗어 가면서 보다 발전된 생각을 거듭할 수 있다.

당신의 자녀가 최근 당신에게 무언가에 대해 질문한 적은 언제인가? 편안하게 당신에게 이것저것 물어보는가, 아니면 질문이라는 것이 아예 단절된 상태인가?

부모는 자녀가 하는 질문을 매우 중요하게 여겨야 한다. 이는 아이가 적극적으로 주변 환경과 사물을 인식하고 있다는 의미이기 때문이다. 하버드대학교의 교육 전문가들에 따르면, 질문을 좋아하는 아이는 어떤 현상을 특별히 주목하고 관찰하며 그 현상을 다른 현상과 연관 지어 생각하는 특징을 보인다. 따라서 아이가 보고 듣는 것이 많으면 많을수록 질문도 많아질 수밖에 없으며, 질문을 좋아하는 아이일수록 아는 것이 많아지는 셈이다.

수업 시간에 자주 발표하거나 질문하는 학생은 선생님이 가르친 내용을 적극적으로 학습하면서 그 과정에 여러 가지 의견이나 궁금증이 발생한 것이다. 계속해서 생각하다 보니 궁금한 것이 생기고, 궁금증이 생기니 질문을 하게 되며 더 알고 싶은 욕구가 강해진다. 이것이 바로 지식 습득의 출발점이며 지혜의 문을 여는 열쇠다.

그렇다면 부모는 어떻게 자녀에게 질문을 즐기는 습관을 만들어 줄 수 있을까? 다음의 방법들을 참고해 보자.

### (1) 아이의 질문에 성심 성의껏 대답하라

부모는 아이의 질문을 귀찮아해서는 안 된다. 아이의 질문에 정확하고 진지하게 답변해 줄수록 부모는 아이의 관심사와 취미를 더 많이 발견하여 이를 계발해 줄 수 있다. 내 아이를 위한 맞춤형 교육을 실시할 수 있으며, 이 과정에서 아이의 언어 표현력이 발달되고 지능도 높아진다.

당신의 자녀가 흥분에 찬 목소리로 한바탕 질문을 던지거든, 인내심을 가지고 천천히 그리고 열심히 대답해 주자. 절대로 귀찮은 표정을 짓거나 듣고도 모른 척해서는 안 된다. 부모는 아이가 만족할 만한 답을 제시해 주도록 최선을 다해야 한다. 이로써 아이는 그 후로도 계속 적극적으로 질문하고 그로부터 지식을 습득할 수 있다.

## (2) 의문문을 자주 사용하라

평소 아이와 대화할 때 일방적으로 정보를 통지하거나 서술하기 보다는 질문을 많이 사용하는 것이 좋다. 이로써 아이 역시 자연스럽게 질문을 자주, 잘 하는 사람으로 자라난다.

## (3) 야외 활동을 하게 하라

아이와 함께 야외 활동에 참여해 새로운 환경과 사물을 접할 기회를 자주 마련해 주자. 아이들은 호기심이 강해서 새로운 무언가를 접하면 매우 신이 나고 궁금해한다. 이런 환경에 자주 노출되면 지능 계발과 사고 발달에도 도움이 된다.

## (4) 문제를 발견하는 능력을 길러 주어라

다른 사람이 하는 질문에만 기대어 사고하는 아이는 창의력이 풍부한 사람으로 성장하기 어렵다. 하지만 문제를 발견하는 능력은 천성적인 것이 아니다. 그러므로 부모는 아이와 함께 여러 학습 활동에 참여해 아이 스스로 문제를 발견할 수 있도록 이끌어 주어야 한다. 가령, 아이에게 주변에 있는 생물을 관찰하게 한 뒤 질문을 생각해 보게 하는 것도 좋은 방법이 될 수 있다.

# 02

좋은 질문은 따로 있다

하버드대학교의 교육 담당 팀이 오하이오주의 한 중학교를 방문해 매우 우수하다고 알려진 어느 교사의 공개수업을 참관했다. 전체적인 수업 분위기는 매우 활발했다. 교사가 질문을 하면 학생들이 적극적으로 대답하는 모습이었다. 그런데 이상하게도 몇몇 전문가들은 이를 흐뭇해하지 않고 무표정으로 일관했다. 수업이 끝나고 학교 측과의 면담에서 그들은 이렇게 말했다.

"수업 시간에 선생님이 질문하면 학생들이 대답을 하긴 했습니다.

그런데 질문은 오로지 선생님만 던지더군요. 아이들은 이미 답을 알고 있기라도 한 듯 모두 입을 모아 말을 하고요. 과연 그 질문들이 정말로 의미가 있는 걸까요?”

진정한 교육이란 질문이 있는 학생을 질문하지 않는 사람으로 만드는 일이 아니다. 오히려 그 반대로, 질문하지 않는 학생을 질문하는 사람으로 만드는 일이다.

수업 시간에 질문을 하는 것은 학생이 지식을 얻을 수 있는 중요한 방법 중 하나다. 하지만 오랫동안 이어진 일방적인 주입식 교육과 학생들의 의존적인 습관 때문에, 수업 시간에 질문하는 쪽은 여전히 선생님이다. 대다수의 아이들은 용기가 없는 탓에 질문하는 행위에 익숙지 않다. 따라서 부모는 자녀가 수업 시간에 선생님의 질문에 적극적으로 대답하고, 나아가 좋은 질문을 던질 수 있도록 격려해 주어야 한다. 그렇다면 이런 능력은 어떻게 길러 줄 수 있을까?

## (1) 가정에서 질문하는 분위기를 조성하라

부모는 가정을 관용적이고 민주적이며 평등한 분위기로 만들어 아이의 위축된 심리를 없애 주고 질문할 동기를 부여해 주어야 한다. 아이의 주체적인 지위를 존중해 주고 아이 스스로 무언가를 결정할 수 있도록 도와주어 자신이 직접 문제를 생각하고 탐색하며 연구하도록 해야 한다. 집에서 모의수업을 해 보는 것도 좋다.

## (2) 기초 지식을 쌓아 주어라

아이가 좋은 질문을 하게 만들려면 탄탄한 지식이 기반이 되어야 한다. 지식이 견고하지 못하면 그로부터 파생되는 사고도 없으니 가치 있는 질문을 하기 어렵다. 결국 학과과정에 대한 복습과 예습이 필수다. 충분한 재검토와 준비가 있어야만 수업 시간에 학습 내용과 선생님의 호흡을 따라갈 수 있으며 유의미한 질문도 할 수 있다.

## (3) 아이의 관심사를 자극하라

어떤 일에도 흥미를 느끼지 못하는 아이들은 질문이라는 것이 왜 필요한지를 체감하지 못하고, 따라서 문제를 주도적으로 사유하지도 못한다. 질문에 대한 의식은 다른 능력과 마찬가지로 부모의 지도와 도움을 통해 길러진다. 재미있는 놀이를 통해 아이의 호기심과 사고력을 자극하자.

헨리는 자신의 아빠를 늘 '파워 레슬러'라고 부르고 자기 자신을 '꼬마 레슬러'라고 부른다. 하루는 아빠가 누구의 힘이 센지를 겨루는 게임을 하자고 제안했다. 사실 그는 이 게임을 통해 아들에게 지렛대의 원리를 알려 주려는 목적이었다.

그는 먼저 기다란 나무판자 하나를 준비해 중앙을 지렛목으로 삼았다. 그리고 자신은 지렛목에서 비교적 가까운 곳에 올라섰고 헨리는 중심에서 조금 더 멀리 떨어진 곳에 서게 했다. 그러자 헨리가 아주 가볍게 아빠를 들어 올려 승리를 거두었다.

이렇듯 나무판자 하나로 아빠는 물리학에 대한 헨리의 호기심과 관심을 자극했다. 헨리로서는 '꼬마 레슬러'인 자신이 '파워 레슬러'를 들어 올리는 것은 꿈에도 상상할 수 없는 일이었기 때문이다.

### ⑷ 자기 생각을 거친 후 질문하게 하라

아이가 궁금증이 생기면 먼저 주도적이고 적극적으로 생각해 보도록 격려해 주어야 한다. 혼자서 탐색하고 창의력을 발휘하다 보면 스스로 해결할 수 있는 문제들이 있기 때문이다. 또 어떤 문제는 깊이 생각하고 나면 더 좋은 질문을 할 수 있어서, 그것을 이해하고 해결하는 데에 상당한 도움을 준다. 어쨌든 궁극적인 목적은 문제를 발견하는 것보다 문제를 해결하는 것이니 말이다.

아이가 열심히 생각하고 탐구하도록 유도해 지적 능력을 키워 주자. 그래야만 교과서의 내용과 언어적 지식, 언어적 기능을 충분히 습득하고 수업 시간에 적극적으로 발표도 할 수 있다. 교실 안에서 선생님 및 친구들과 어떤 주제에 관해 열띤 토론을 하다 보면, 아이는 표현력이 발달할 뿐 아니라 친구들과의 관계도 돈독히 하게 된다.

# 03

선생님의 꾸중은 애정의 증거

**열다섯 살의 에이다가 울면서 엄마에게 말했다.**

"엄마, 저 내일 학교 가기 싫어요."

놀란 엄마가 이유를 묻자 에이다가 계속 울면서 대답했다.

"담임선생님이 너무 무서워요. 오늘 저를 막 혼내셨어요."

집안의 보석 같은 존재인 아들이 선생님에게 심하게 혼났다는 말을 듣자 엄마는 잔뜩 화가 치밀어 올랐다. 그래서 아이가 보는 앞에서 당장 선생님에게 전화를 걸었다. 그녀는 매우 신경질적이고 화난 목소리로 선생님에게 왜 에이다를 혼낸 것인지 따져 물었다. 에이다는 겁에 질린 표정으로 서 있었다.

그 후로 선생님이 에이다를 혼내는 일은 두 번 다시 없었다. 하지만 에이다는 갈수록 천방지축이 되어 갔고, 결국 학교에서 이름난 문제아가 되었으며 학업 성적도 고꾸라졌다.

부모는 선생님이 엄해도 나쁜 의도로 그런 것은 아니니 무서워하지 말고, 잘못한 점이 있으면 즉시 고치면 된다는 사실을 아이에게 알려 주어야 한다. 하버드의 교육 전문가들은 부모가 다음과 같은 부분에서 자녀에게 도움을 줄 것을 권고한다.

## (1) '꾸지람'에 대한 올바른 가치관을 세워 주어라

교사들은 학생들을 눈여겨보다가 노파심에 이런저런 잔소리를 하기도 하고, 그 덕분에 아이를 옳은 길로 인도해 성공의 기쁨을 맛보게 해 준다. 이 과정에서 가끔 아이를 혼낼 수도 있다.

따라서 부모는 아이가 이를 오해하지 않게 해 주어야 한다. 다시 말해 아이에게 선생님의 가장 큰 바람은 반 아이들이 각자 나름대로의 영역에서 두각을 나타내는 것이며, 선생님의 꾸지람도 사실은 사랑의 또 다른 표현 방식이라는 사실을 일러 주어야 한다. 이를 통해 아이가 선생님의 지적과 꾸중 앞에서도 평정심을 유지하고 올바른 태도로 수용할 수 있도록 가르치자.

## (2) 선생님과 소통하는 법을 알려 주어라

아이가 선생님의 꾸지람을 들었다면, 이후 올바른 방식으로 선생님과 소통할 수 있도록 격려해 주어야 한다. 또 선생님이 지적한 자신의 '잘못'에 관해 분석하고 이를 수정하게 해야 한다. 만일 선생님이 오해하고 있는 것이 있다면 즉시 사실을 알리도록 도와주자.

교사가 학생들과 대화를 하거나 면담을 할 때 가장 문제가 되는 것은, 일부 아이들이 겉으로는 아무 말을 하지 않지만 속으로는 선생님의 말에 반감을 갖고 따르지 않으려 한다는 점이다. 이런 상태라면 아무리 소통을 시도한다 해도 의미가 없다. 그러므로 아이가 선생님에게 예의 바르면서도 정확하게 자신의 관점을 설명할 수 있도록 격려해 주어야 한다.

앞에서 살펴본 에이다의 엄마와는 달리 빌의 엄마는 조금 더 현명한 방법을 사용했다.


유치원에서 돌아온 빌은 억울한 표정으로 엄마에게 하소연을 했다. 친구들이 모두 자신을 무시하는 데다 선생님도 너무 무서워서 내일부터는 유치원에 가고 싶지 않다는 말이었다. 가만히 이야기를 듣던 빌의 엄마는 아무래도 뭔가 석연치 않다고 느꼈고, 바로 유치원 선생님에게 전화를 걸었다.

긴 통화 끝에 엄마는 빌이 유치원에서 제멋대로 굴고 친구들 사이에서 왕 노릇을 하려 한다는 사실을 알게 되었다. 유치원에서 장난감을 독차지한 채 친구들과 어울려 놀지 않으려 했고, 그러다 보니 친구들도 점점 빌을 멀리하게 되었다. 그래서 선생님은 빌을 불러 몇 마디 했던 것이었다.

상황의 앞뒤를 알게 된 빌의 엄마는 아들을 불러서 옆에 앉히고 진심을 담아 이야기했다.

"아들, 선생님이 너를 혼낸 건 널 사랑하기 때문이야. 선생님은 네가 더 많은 친구들이랑 재미있게 놀기를 바라시는데, 네가 혼자 장난감을 가지고 놀면 그럴 수가 없잖니. 내일 유치원에 가면 선생님과 친구들에게 사과하자. 엄마도 같이 갈게. 어때?"

빌은 아무 말 없이 고개를 끄덕였고, 다음 날 가벼운 발걸음으로 엄마와 함께 유치원으로 향했다.

### (3) 부모가 모범을 보여라

조금 속상하겠지만 부모는 아이를 향한 교사의 꾸지람과 지적을 겸허히 받아들여야 한다. 내 아이를 위해 부모는 선생님의 입장에서 아이의 잘못을 바라본 다음, 선생님의 지적을 돌아보고 그의 노고를 이해하는 넓은 마음을 지녀야 한다. 선생님이 당신의 아이가 골칫거리라고 말한다고 해도, 올바르게 수용하고 적절히 대처해 적어도 아이에게는 모범을 보이도록 하자.

# 04

## 자기 생각과 의견 표현하기

영국 케임브리지 대학교의 보노 교수는 다음과 같이 말한다.

"똑똑하거나 지능이 높다는 것은 창의적인 잠재력을 지녔다는 말이지, 사고에 꼭 능하다는 말은 아니다. 지능과 사고의 연관 관계는 자동차와 기사의 운전 기술에 비유할 수 있다. 아무리 좋은 자동차를 가지고 있다고 해도 기사가 운전 기술이 부족하다면 차를 잘 몰수 없다. 반대로 아무리 낡은 차라도 운전 기술이 뛰어나다면 차를 능숙하게 잘 몰 수가 있다. 다시 말해 지능이 높은 것과 사고력이 뛰어난 것이 늘 정비례하지는 않는다. 상황에 따라 그 둘 사이에는 다른 부등호를 사용할 수 있는 셈이다."

따라서 아이들에게 스스로 반복적으로 생각해 볼 수 있는 문제를 끊임없이 내 주어야 한다. 이에 대한 생각과 의견을 선생님이나 부모에게 말할 수 있게 해야 아이는 지속적으로 성장할 수 있다.

그렇다면 일상생활에서 아이의 사고력을 키우고 이를 표현하게 해 줄 방법에는 어떤 것들이 있을까?

### (1) 사고하는 분위기를 조성해 주기

창의력을 계발한다는 이유로 친구들과 경쟁하게 하거나 아이에게 과한 스트레스를 줄 필요는 없다. 진정으로 아이의 창의력을 계발해 주고 싶다면 부모 역시 자녀와 함께 공부하고 성장할 수 있어야 한다.

아이의 가장 좋은 친구가 되어서 함께 사고하자. 마음의 소리에 귀 기울이고 아이의 말과 행동을 이해하려 하자. 이 과정에서 아이를 향한 명령과 강압, 조롱은 금물이다. 아이에게 언제나 응원의 박수를 보내고, 혹 아이가 실수하거나 실패했을 때는 손을 내밀어 일으켜 줄 수 있어야 한다.

### (2) 융통성 있는 사고를 갖게 해 주기

당신은 '성공'이 무엇이라고 생각하는가? 성공은 '재능'에 '기회'

가 더해진 것이다. 이때 재능은 부지런함에서 오며, 기회는 영민한 사고와 충분한 준비, 끊임없이 분발하는 자세를 지닌 사람에게 주어진다. 이를 위해서는 항상 새로운 사물에 대한 지적 호기심을 품고 이를 탐구하는 태도가 있어야 한다. 그리고 문제를 해결할 돌파구를 찾기 위해 부단히 노력해야 한다.

이를 통해 아이는 다양한 관점으로 사고하게 되고, 어떤 사안에 대해, 나아가 세상에 대해 융통성 있는 사고를 형성할 수 있다. 그러다 보면 재능과 기회, 즉 성공이 눈앞에 성큼 다가온다.

### (3) 스스로 생각할 여유와 기회를 제공하기

아이와 대화를 나눌 때는 항상 상의하는 말투를 사용하자. 아이에게 스스로 생각할 여지를 주고 자기 의견을 말하게 하는 것이다. 부모는 대화의 맥락에 근거하여 "이 둘 사이에 무슨 관계가 있을까?", "너는 여기서 어떻게 하는 게 좋을 것 같니?", "네가 그렇게 생각한 이유는 뭐니?" 등의 질문을 던져서 아이의 주체적인 사고를 이끌어 내야 한다. 특히 학교에 다니는 아이라면 이런 질문을 통해 사고의 폭을 한층 더 넓혀 줄 수 있다.

아이가 어떤 문제에 대해 생각할 때는 너무 조급해하거나 재촉하지 말고 충분한 시간을 주어야 한다. 답답한 마음에 아이에게 답안을 제시해 주어서는 안 된다. 아이의 답 또는 생각이 틀렸거든, 또다른 질문을 통해 아이가 한 번 더 고민하게 해 주자. 아이는 스스로 자신의 실수를 발견하고 바로잡을 수 있어야 한다.

## ⑷ 자기 생각을 즉시 알리도록 격려하기

어린아이가 독립적으로 완벽하게 무언가를 생각하고 결정하기란 쉽지 않다. 그렇기 때문에 아이가 자신의 생각이나 의견을 즉시 선생님이나 부모님에게 말해 소통하게 하는 것이 필요하다. 설령 그 생각이 틀린 것이라 해도 말이다.

하지만 많은 아이들이 자기 생각이나 관점이 틀릴까 봐 겁이 나서, 혹은 말하기가 부끄러워서 선생님에게 이를 알리지 못한다. 이렇게 되면 아이는 자주적으로 생각하는 사람으로 성장하기 어려워진다. 따라서 부모는 아이가 스스로 생각하고 탐구하는 것을 칭찬하고 격려해 주어야 하며, 무엇보다 아이가 이를 말로 표현할 수 있도록 유도해야 한다. 이렇게 표현력을 길러 줌으로써 아이가 수업 시간에도 자기 의견을 잘 말하는 학생이 되게 하자.

# 05

상대에게 상처 주지 않는 거절의 기술

미국의 한 초등학교에서 두 남학생 사이에 말다툼이 일어났다. 언쟁이 점점 커지자 둘은 각자의 친구들에게 소위 'SOS'를 요청했다. 혈기 왕성한 아이들은 두 패로 갈라져 서로의 친구를 위해 싸우기 시작했고, 분위기는 격해져 몸싸움으로 치닫는 사태가 벌어졌다.

그러자 현지의 경찰까지 출동했다. 사건이 수습된 후 경찰의 심문에 한 아이는 이렇게 대답했다.

"처음에는 싸울 생각이 아니었어요. 그런데 친구가 도와 달라고

하니까……."

　우리 모두는 살면서 다른 사람의 부탁을 거절하거나 혹은 누군가
에게 거절을 당하는 상황을 마주하게 된다. 그런데 어떤 아이들은
거절하는 방법을 모르는 탓에 남에게 휘둘리는 수동적인 위치에 놓
이곤 한다. 또는 거절의 기술이 부족하다 보니 상대를 난처하게 만
들어 우정에 금이 가는 경우도 있다.

　자신을 희생하면서 남을 도와주거나 기쁘게 해 준 경험은 누구나
있을 것이다. 그러나 억지로 받아들인 부탁은 보이지 않는 압박감과
스트레스가 되어 부정적인 에너지를 만들어 내고, 결국에는 사람과
사람 간에 충돌을 야기한다.

　그렇다면 어떻게 해야 내 아이가 남의 부탁을 잘 거절하도록 가르
칠 수 있을까? 하버드의 교육 전문가들은 다음의 방법을 추천한다.

## (1) 옳고 그름을 분별하게 하라

　부모는 아이에게 친구의 부탁을 거절하는 것이 곧 우정을 깨는
일은 아니라는 점을 분명히 일러 주어야 한다. 특히 누군가가 우정
을 빌미로 '순종'을 요구한다면 이후 악순환에 빠져들기 쉬우므로,
상대의 기쁨이나 소위 '의리'를 위해 어쩔 수 없이 그 사람의 부탁을
들어줄 필요는 없다는 사실을 일깨워 주자.

　진정한 친구는 상대를 배려하고 이해할 줄 아는 사람이며 한번

부탁을 거절했다고 해서 모른 척하는 사람이 아니다. 늘 '좋은 사람' 역할만 하다가는 결단력 없고 패기 없는 모습으로 비치기 십상이며, 친구들 사이에서 존중받지도 못한다.

### (2) 거절이 필요한 경우를 알려 주어라

자신이 할 수 없는 일인데도 체면 때문에 승낙했다가 결국 약속을 지키지 못하는 경우도 있다. 그러므로 무언가를 승낙하기 전에는 진지하게 고려해야 하며, 거절하는 일이 아무리 어렵더라도 나중에 약속을 어기는 것보다는 훨씬 낫다는 사실을 알려 주어야 한다.

### (3) 거절하는 상황을 연습하라

거절해야 하는 상황을 설정해 놓고 아이와 함께 연습을 해 본다. 부모가 '무언가를 요구하는 사람'의 역할을 맡은 뒤 아이가 원만하게 거절하는지 관찰하고, 그때그때 거절의 기술을 잘 사용할 수 있도록 지도해 주면 된다.

### (4) 거절이 어렵다면 우선 전화나 메시지로 대체하게 하라

아이가 여전히 거절하기를 어려워한다면, 우선 상대방의 얼굴을 보지 않은 상태에서 거절하는 방법을 익히게 하자. 가령 아이가 문자메시지를 통해 거절하겠다는 의사와 그 이유를 밝히고, 상대가 이해해 주기를 바란다는 마음을 담아 전하게 해 본다.

## (5) 상대가 수용할 만한 이유를 들어 거절하게 하라

아이가 누군가의 부탁이나 요구를 거절하려 할 경우, 먼저 상대방이 수용할 수 있을 만한 이유를 미리 생각해 두게 한다. 그리고 이를 설명할 때는 최대한 완곡한 표현을 사용해 상대에게 상처를 주지 않도록 신경 쓰게 하자. 혹은 상대와 아이 모두에게 바람직한 해결 방안을 함께 모색해 줌으로써 써 불필요한 충돌을 피하도록 도와주자.

## (6) 부모가 대신 나서 주지 말라

소심하고 용기가 부족한 아이는 남의 부탁을 거절하기 어려운 상황을 만나면 자신의 생각이나 입장을 잘 표현하지 못한다. 이런 경우 부모는 아이를 대신해 거절을 해 주기도 한다. 그러나 이 같은 행동은 아이가 스스로 판단해 결정하고 행동으로 옮길 기회를 앗아가는 것이다. 결국 아이는 갈수록 더 소심해지고 '아니오'라는 말을 하지 못하는 사람이 된다.

따라서 부모는 아이가 스스로 현명하게 'No'라고 말할 수 있도록 가르쳐야 한다. 우리가 남의 물건에 함부로 손대어선 안 되듯이, '나'에게도 누구든 자기 뜻대로 강요하거나 마음대로 휘두를 순 없다는 사실을 일깨워 주자. 반대로, 상대가 부탁이나 요구를 거절하는 경우 아이가 이를 의연하게 받아들이도록 이끌어 주어야 한다.

# 06

## 다른 사람을 칭찬하는 지혜

"세상에 아름답지 않은 것은 없다. 그저 아름다움을 발견하는 눈이 없을 뿐이다."

프랑스의 유명한 예술가 로댕이 한 말이다. 사람의 인생 역시 마찬가지다. 우리 삶에 부족한 것은 아름다움이 아니라, 다른 사람의 아름다움을 향한 박수와 갈채다.

경쾌하게 지저귀는 새들의 소리, 철썩철썩 바위에 부딪치는 파도 소리, 또 졸졸 흐르는 계곡물 소리…… 이 모든 것이 웅장하고 아름다운 자연과 우주를 향해 보내는 만물의 갈채 소리다. 아이에게 자신보다 뛰어나고 멋진 친구를 향해 박수를 보내고 칭찬하는 법을 가르쳐 주자. 오히려 내 아이가 한층 더 성숙하고 멋진 사람으로 자라날 수 있다.

자신보다 잘난 사람을 칭찬할 줄 아는 것은 일종의 지혜다. 사람들은 흔히 자신의 이해득실을 타인이나 자기가 속한 집단과는 분리해 생각한다. 그래서 개인의 성공이나 성장에만 기뻐하고 즐거워한다. 비록 그 성장의 결과나 성과가 보잘것없다 해도 혼자만의 기쁨과 행복감에 빠져 거기서 헤어 나오지 못한다.

이렇게 개인의 성과에만 집중하며 우쭐대다 보면, 우리는 다른 사람의 성공이 나 자신에게까지 가져다주는 긍정적 영향과 가치를 홀대하고 간과하게 된다. 당신은 어떠한가? 실제로 대다수의 사람들은 타인의 성공이나 기쁨에 아무런 감정을 느끼지 못하거나 이를 비하하며 심지어 일을 그르치고 훼방을 놓기도 한다.

이렇게 다른 이의 성공에 콧방귀 끼는 태도를 보이다 보면, 타인으로부터 배울 기회를 놓치고 만다. 그러니 아이에게 자신보다 뛰어난 사람을 진심으로 칭찬하게 하자. 다른 사람을 높여 주는 과정에서 아이 스스로가 보다 멋지고 완벽한 사람으로 거듭나게 된다.

르네상스 시대 피렌체에서는 미켈란젤로, 라파엘로, 다빈치와 같이 예술사를 통틀어 손꼽히는 위대한 거장들이 탄생했다. 이 세 사람은 그 시절 문예부흥을 완벽하게 이끌며 세계적인 작품을 남긴 것으로 유명하다.

미켈란젤로가 시스티나성당의 천장 벽화를 그릴 당시 이미 명성을 얻고 있던 라파엘로는 수시로 그곳에 가서 몰래 미켈란젤로의 벽화를 훔쳐보며 그 솜씨에 감탄하고는 했다. 다른 사람과 이야기할 때면 미켈란젤로의 실력에 아낌없는 찬사를 보내곤 했다.

나중에 이 사실을 알게 된 미켈란젤로는 자신의 허락도 없이 몰래 그림을 훔쳐본 라파엘로에게 불같이 화를 냈다. 하지만 얼마 후 그는 자신을 높여 주고 칭찬한 라파엘로의 아름다운 인격에 매료되어 그와 친구가 되었다. 이렇게 맺어진 인연은 자연스레 서로에게 긍정적인 영향력을 주었고, 두 사람의 실력을 한층 더 끌어 올렸다.

자기보다 뛰어난 친구에게 감탄과 갈채를 보내는 행위는 표면적으로는 서로에 대한 우정의 표현이지만, 조금 더 깊은 의미에서 보자면 서로에게 배우며 발전하는 과정이라 할 수 있다. 진정한 마음으로 다른 사람을 위해 손뼉을 쳐 주는 사람이야말로 참다운 배움을 얻고 성장할 것이다.

지혜로운 사람은 시간이 지날수록 더욱 지혜로워진다. 다른 사람을 칭찬하며 그에게서 배울 점을 발견하고 또 발전하기 때문이다. 내 아이에게 칭찬이라는 엄청난 위력의 도구를 가르쳐 주자.

# 07

도움과 가르침을 청하기

'역학의 아버지'라 불리는 뉴턴은 만유인력의 법칙을 발견하고 냉각법칙의 존재를 밝혀냈다. 수학에서는 '뉴턴 유동'의 개념을 제시하고 이항정리(二項定理)를 발견하였으며, 라이프니츠와 함께 미적분학을 창시해 수학사에 새로운 장을 열기도 했다. 이처럼 뉴턴은 여러 방면에서 성과를 거둔 위대한 과학자였지만 매우 겸손한 사람이었다. 그는 자신의 업적에 대해 이렇게 말했다.

"내가 보기에 나는 그저 바닷가에서 뛰어놀기 좋아하는 어린아이나 다름없다. 미끄러운 돌과 귀여운 조개껍데기를 보면 신나서 어쩔 줄 몰라 하는 아이 말이다. 정작 눈앞에 펼쳐진 거대한 진리의 바다는 알아보지 못하는."

위대한 사람이 위대한 까닭은 겸허한 마음으로 남에게 가르침을 청하기 때문이다. 하버드대학교 경영대학원의 한 연구에 따르면, 어떤 사람이 다른 누군가에게 도움을 청하고 나면 얻을 수 있는 것이 더 많아진다고 한다. 그 이유는 무엇일까? 모든 사람은 '조언' 하는 것을 좋아하기 때문이다. 다시 말해 당신이 누군가에게 가르침을 청하거나 도움을 요청하면, 상대는 자신감이 상승해 당신에게 더 많은 조언과 도움을 주려 한다는 것이다.

그럼에도 불구하고 많은 사람들이 타인에게 쉽사리 도움을 청하지 않는다. 자신이 능력이 부족하거나 무능력하다고 보일까 봐 두렵기 때문이다. 하지만 이는 사실이 아니다. 다른 이에게 도움을 청하면 오히려 상대는 그를 더욱 능력 있는 사람으로 생각한다.

초등학교 5학년인 로사는 성적이 매우 우수한 학생이다. 교내에서 '도도한' 이미지로 통하는 로사는 성적이 좋지 않은 아이들과는 어울리고 싶어 하지 않는다. 심지어 선생님들을 대할 때도 예의나 존경의 마음을 담아 표현하지 않는다. 선생님들의 수준이 낮다고 생각하기 때문이다.

그러던 어느 날 수업 시간에 어떤 문제의 답을 놓고 선생님과 로사의 의견이 엇갈렸다. 로사는 선생님의 설명은 듣지도 않은 채 기세등등한 모습으로 자신의 생각을 주장하며 따져 물었고, 결국 선생님을 화나게 만들었다. 사실 로사가 내놓은 답은 틀린 것이었다. 문제의 의미를 정확하게 이해하지 못한 탓이었다. 선생님은 그날 로사가 제출한 과제에 C 학점을 주었다.

로사는 너무나 억울한 마음이었고, 이 일을 아빠에게 알렸다. 전후 사정을 알게 된 그는 딸에게 이렇게 말했다.

"선생님이 낮은 점수를 주신 건 너에게 복수하려는 게 아니야. 너의 답이 정말 틀렸기 때문이란다. 그리고 우리 딸이 똑똑한 건 아빠도 잘 알고 있지만, 조금 더 겸손한 자세로 선생님과 친구들에게 배웠으면 좋겠구나."

아이는 학교나 일상에서 이런저런 의아한 문제를 만나게 마련이다. 이때 선생님이나 친구들에게 주저 없이 도움을 청하되 진실하고 감사한 태도를 갖추도록 일러 주자. 그래야만 상대도 자신이 존중받고 있다는 느낌을 받고, 아이와 진심으로 소통하면서 도움을 주고 싶어 한다.

사회라는 거대한 환경 속에서 지내다 보면 누구나 대인 관계에서
이런저런 문제들을 맞닥뜨린다. 마찰과 갈등이 결코 피할 수 없는
일이라면, 이에 신속하고 매끄럽게 대응하는 능력이 필요하다.
가령 상대와 감정의 골이 깊어졌다가도, 여러 사실을 통해 그것이
오해였음을 알게 되면 문제가 악화되는 사태를 막을 수 있다.
아이에게도 이런 방법을 알려 줄 필요가 있다.
원만하지 못한 인간관계는 자기 자신에게 손해일 뿐이다. 지금부터
내 아이에게 대인 관계 속 마찰을 해결하는 기술을 가르쳐 주자.

STEP

**6**

갈등
해결하기

# 01

평정심을 유지할 것

**사람을 사귀다 보면 마찰이 생기는 건 어쩔 수 없다.** 그러므로 문제가 생겼을 경우 냉정함을 유지하고 상대의 의견에 귀 기울이면서 양쪽 모두가 동의할 만한 해결 방법을 모색해야 한다. 이때 객관적인 시각으로 자신을 바라보고 상대에게 그의 생각을 수렴하겠다는 뜻을 밝히며, 이에 동의해 준 것에 감사의 인사를 전해야 한다.

당신이 자녀를 둔 부모라면 더더욱 냉정함과 평정심을 유지하며 인간관계 속에서 발생하는 어려움과 문제를 해결할 수 있어야 한다.

일상을 살아가다 보면 마음대로 되지 않는 일은 누구에게나 생길 수밖에 없다. 더욱이 직장에서 이런 일이 발생하면 특히나 힘이 빠지고, 이는 업무에도 영향을 미치지 않던가. 그러니 이미 발생한 일, 바꿀 수 없는 현실을 인정하고 의연하게 받아들이는 것이 낫다.

아이에게 상대방과의 갈등에서 오는 후회나 분노의 감정은 스스로에게 아무런 도움이 되지 않으며 감정만 악화시켜, 얻는 것보다 잃는 것이 더 많은 상황을 초래한다는 사실을 알려 주자. 결국 가장 크게 손해를 보는 사람은 자기 자신이라고 말이다. 짜증 나고 힘든 일이 생기더라도 아이가 평정심을 유지하도록 이끌어 주자.


에드워드와 다니엘이 집 앞에서 모래 놀이를 하고 있었다. 둘은 손가락 사이로 흘러내리는 모래를 보며 즐거워했다. 처음에 바닥에 쭈그려 앉아서 놀던 두 아이는 나중에는 일어나 모래를 후 불어 흩날리기도 하고 위에서 아래로 뿌리기도 했다.

그때 갑자기 어디선가 바람이 불어와 에드워드가 손에 움켜쥐고 있던 모래가 다니엘의 눈으로 들어가고 말았다. 그 바람에 다니엘은 큰 소리로 울기 시작했다. 소리를 들은 다니엘의 할머니와 에드워드의 엄마가 재빨리 밖으로 나오자 다니엘이 울면서 고자질을 했다.

"에드워드가 모래를 내 눈에 뿌렸어요!"

그러자 에드워드는 억울하다는 듯 변명을 했다.

"아니에요, 저는 그냥 놀고 있었어요!"

두 아이는 질세라 말을 주고받았다.

"어떻게 놀았길래 모래가 눈에 들어간 거야?"

다니엘의 할머니가 아이를 데리고 집으로 들어와 눈에 안약을 넣어 주며 물었다. 한편, 에드워드의 엄마는 화가 난 얼굴로 아이를 잡아끌면서 다시는 모래를 가지고 놀지 말라고 엄포를 놓았다.

아이들이 실수로 친구에게 상처를 입히거나 울리는 일은 다반사다. 이럴 때 부모는 냉정함을 유지하고 태도를 가다듬어야 한다. 자기 아이가 문제를 일으켰다는 생각에 화부터 내지는 말자. 상대 아이에게 피해를 줬다면, 먼저 자녀의 해명을 유심히 들어 보아야 한다. 일방적으로 아이를 혼내거나 때려서는 안 된다. 적절한 안전 교육을 통해 아이가 다음부터 조심하도록 주의를 주면 된다.

사실 가장 바람직한 방법은 부모가 아이들의 싸움에 끼어들지 않는 것이다. 그저 아이가 친구에게 다시 웃으며 인사하도록 유도해 주고, 두 가정이 아무 일도 없었던 듯 계속 왕래하면서 함께 소풍을 가거나 식사를 하는 것이 좋다. 이처럼 아이의 인간관계에 문제가 발생했다면, 부모는 감정은 뒤로하고 차가운 머리와 관용의 마음을 가질 것을 기억하자.

# 02

## 분노를 다스리는 법

**아무리 상대방에게 화가 나더라도 앙갚음할 생각을 버리는 편이 자기 자신에게는 훨씬 큰 도움이 된다.** 복수하겠다는 일념으로 거기에 매달리다 보면 결국 스스로에게 상처로 돌아온다. 나의 아이가 편안하고 즐거운 마음을 잃지 않고 타인의 질책과 비난에 오히려 감사할 줄 아는 사람으로 자라도록 이끌어 주자.

<u>그렇다면 부모는 어떤 방법으로 실질적인 도움을 줄 수 있을까?</u> 하버드의 교육 전문가들은 다음과 같은 몇 가지를 추천한다.

## (1) 자신의 감정을 표현하도록 격려하라

아이가 분노에 가득 찬 모습을 보인다면 먼저 진정하고 평정심을 찾게 도와주어야 한다. 이성을 잃고 화를 내는 상황에서 자신의 감정을 말하게 하는 것은 좋지 않다. 우선 아이가 분노, 좌절, 불안, 실망 등의 각 감정을 분별하고, 이런 감정을 초래한 원인이 무엇인지 파악할 수 있게 하자.

분노의 감정을 느낀 아이에게는 "나는 ~해서 ~하게 느꼈어요. 왜냐하면······" 하는 식으로 차근차근 표현하도록 유도하자. 이렇듯 자신의 감정을 상세하게 서술하는 과정을 거치면 앞으로 일이 어떻게 전개될 것인지 알 수 있고, 분노가 한층 더 상승하는 문제도 막을 수 있다.

아이가 화가 나 있을 때, 많은 부모들이 답답한 마음에 얼른 그 이유를 말해 보라고 재촉한다. 그런데 이때 아이가 말을 제대로 못 하면 조리 있게 설명하지 못한다며 꾸짖곤 한다. 이렇게 되면 아이는 더더욱 분노의 감정에 휩싸이고, 부모는 아이가 화난 이유를 여전히 파악할 수 없다.

부모는 아이가 무엇 때문에 화가 났는지, 자신을 분노하게 만든 것이 무엇인지 정확히 알 수 있게 도와야 한다. 그리고 각 상황마다 분노를 피할 방법이 무엇이 있을지 차분히 대화하는 시간을 가짐으로써 아이가 자신의 감정을 다스릴 방법을 발견하게 하자.

## (2) 진상을 이해하도록 도와주어라

급한 마음에 부모가 대충 결론을 내려서는 안 된다. 분노의 감정이 당연하다고 생각하거나 무조건 나쁜 것이라고 치부하지는 말아야 한다. 아이가 자신만의 처세법으로 사건의 진상을 정확히 이해할 수 있도록 인내심 있게 지도하고 도움을 주어야 한다.

## (3) 부모가 모범을 보여라

당신의 부끄러운 면모를 아이에게서 발견하고 뜨끔하거나 놀란 적이 있을 것이다. 매사에 욱하고 화를 표출하는 부모들을 보면, 자녀 역시 자연스럽게 영향을 받아 그것을 똑같이 따라 하곤 한다. 부모라면 화가 나는 상황에서도 냉정함을 유지하고 이성적으로 상황에 대응하는 모습을 아이에게 보여 주어야 한다. 이런 부모의 언행을 통해 아이는 자신의 감정을 이성적으로 통제하는 법을 자연스럽게 배울 수 있다.

## (4) 화난 감정에 부채질하지 말라

그렇지 않아도 분노에 찬 아이의 감정에 기름을 들이붓지 않도록 주의해야 한다. 별생각 없이 덩달아 화를 내거나 아이에게 비난해서는 안 된다. 또 독선적인 말이나 충고로 아이를 몰아세우지도 말자. 아이는 더 증폭된 분노의 감정으로 부모에게 반항할 뿐이다.

대다수의 아이들은 억울함을 느끼거나 자신이 불공평한 대우를 받았다고 느낄 때 공격성을 띠게 된다. 그래서 고함을 지르거나 떼를 쓰고 상대방과 대립하는 행동을 보이며 감정을 표출한다. 화가 나 있는 아이에게 똑같이 화를 내거나 불만을 표하고 소리 지르는 것은 너무도 어리석은 행위이다. 이런 상황에서 부모가 아이를 제압하거나 이기려고 들 필요는 없다.

부모는 평정심을 유지한 채 토론을 통해 아이가 해야 할 일이 무엇인지 지적해 주어야 한다. 최대한 명확하게 일러 주는 것이 좋다. 예를 들면 "일단 목소리를 낮추고 천천히 말해 볼래? 그러면 어떤 문제든 너와 함께 상의할 거야"라고 말하자. 또 아이의 복잡한 마음을 충분히 이해하고 존중하면서 아이가 이야기하는 내용에 집중하는 태도를 보이며 들어 주어야 한다. 능동적으로 아이의 이야기를 듣되, 지적과 비난을 아껴야 하며 함부로 반박하지 말아야 한다. 이를 통해 아이가 무슨 일로 억울함이나 불만을 느끼는지, 무엇을 걱정하는지 파악할 수 있다.

아이가 감정을 가라앉히고 평정심을 유지할 분위기를 만들어 주는 것은 부모의 몫이다. 긴장은 오히려 문제만 키운다. 아이의 말에 논리가 있든 없든, 침착한 분위기가 바탕이 된다면 해결하지 못할 문제는 없다.

# 03

타인의 비판은 오히려 성장의 기회

다른 사람의 비판을 정확히 인지하고 처리하는 것은 스스로를 명확하게 돌아보고 더 큰 실수와 패배를 피할 수 있게 해 준다. 나아가 자신의 잘못을 교정하고 새롭게 시작하는 계기가 되기도 한다.

타인의 비판과 지적을 받아들이는 자세는 특히 성장하는 아이들에게는 더더욱 절실하다. 하지만 당신의 자녀는 어떤가? 대부분의 아이들은 남의 의견을 흘려듣거나 고집을 피운다. 심지어 허영심에 가득 차서 타인의 충고나 지적을 무시하기도 한다. 또 앞에서는 착실히 듣는 척해도 돌아서면 잊어버리는 아이가 있는가 하면, 남들 앞에서 절대로 실수를 인정하지 않는 아이도 있다.

그렇다면 부모는 어떻게 해야 내 아이가 자신에 대한 타인의 부정적 평가를 받아들이고 그에 대응하게 할 수 있을까? 성공의 대가로 불리는 카네기는 누군가 자신을 비판하고 지적해 화가 났다면 잠시 멈추고 이렇게 생각해 보라고 했다.

'아인슈타인은 자신이 100번 중 99번은 틀리다고 했어. 나도 80번 정도는 틀릴지 몰라. 그럼 이 지적을 마땅히 수용해야지. 만일 정말로 그 사람의 말이 맞으면 오히려 감사히 여기고 더욱 분발해야 해.'

인간은 완벽할 수 없다. 그래서 다른 사람이 건넨 솔직하고 유용하며 건설적인 비판을 잘 받아들이고 처리할 수 있어야 한다.

어떻게 하면 내 아이를 비판을 받아들일 줄 아는 사람으로 거듭나게 할 수 있을까? 하버드의 교육 전문가들이 추천하는 방법을 함께 살펴보자.

### (1) 타인의 비판에 적응하게 하라

자녀를 교육할 때는 물론 칭찬과 격려가 주를 이루어야 한다. 하지만 아이가 부정적인 평가에도 귀 기울일 줄 아는 사람이 되도록 지도하자. 이때 주의할 점은 아이를 꾸짖거나 지적할 때에도 부모는 온화한 말투와 중립적인 태도를 유지해야 한다는 것이다. 또 상대적으로 칭찬의 말을 더 많이 해 줌으로써 아이가 비판과 칭찬이 일상에서 흔히 접할 수 있는 것임을 인식하게 해야 한다.

아동기에 타인의 비판에 잘 적응하면 이후 사회에 원만히 적응하기 쉽고, 타인의 비판과 충고도 긍정적으로 인식해 내면의 평정심을 유지할 수 있다. 이런 아이는 좌절을 견뎌 내는 능력도 뛰어나다.

### (2) 비판을 경청하게 하라

비판의 내용이 다소 거칠고 날카롭더라도 아이가 이에 귀 기울이게 도와주어야 한다. 마음을 비우고 평온하고 겸손하게 상대방의 말에 집중하게 하자. 열심히 들어야만 그 말 속에서 배울 점을 찾을 수 있기 때문이다. 이는 아이가 언제 어디서 누구를 만나든 대인 관계에서의 매우 기본적인 교양이기도 하다.

### (3) 냉철하게 대응하게 하라

타인의 비판을 냉철하게 받아들이라는 것은 아무런 대꾸 없이 잠자코 있으라는 뜻이 아니다. 부모는 아이가 비판에 내재된 합리적 내용을 겸허하게 수용하고, 그 개선 방법과 조치를 나름대로 열거해 보도록 유도해야 한다. 냉철하게 대응하는 기술로는 남의 비판을 거부하거나 상대와 말다툼을 하지 않는 것, 또 자신을 보호할 목적으로 상대를 공격하는 행동을 하지 않는 것 등을 꼽을 수 있다. 또한 과장하는 않는 태도도 포함된다. 아이가 비판을 최대한 합리적으로 받아들이고 개선하게 돕자.

### (4) 해명할 수 있도록 도와주어라

상대의 비판이 간혹 사실에 부합하지 않는 경우도 있다. 이럴 때는 아이가 반드시 해명하게 해야 한다. 만일 아이가 겉으로만 비난을 받아들이고 속으로는 억울해한다면 경청과 수용도 아무런 의미가 없을뿐더러 오히려 부작용을 불러온다.

따라서 아이에게 이런 경우에는 자초지종을 제대로 밝히는 것이 옳으며, 이는 본래 자신이 짊어져야 할 책임을 전가하는 행위가 아님을 일깨워 주자. 해명을 할 때는 아이가 감정을 가라앉히고 어디까지나 사실에 근거해 설명하도록 도와주자.

### (5) 모든 비판을 똑같이 수용하게 하라

선생님이나 부모님의 비난은 비교적 쉽게 받아들이는 아이들이라 해도 또래 친구들의 비판 또는 지적은 무시하거나 거부하는 것이 대부분이다. 친구들의 비판도 일리가 있다면 겸허히 수용하는 자세를 가르쳐야 한다.

비판을 잘 처리하는 사람만이 객관적인 시각으로 자신을 바라볼 수 있다. 그렇게 되면 비판은 칭찬과 동일한 힘을 발휘한다. 내 아이를 성장시키는 자극제로 작용하는 것이다.

# 04

## 상대방의 입장이 되어 보기

<u>**인생은 마치 무대와 같다.**</u> 모든 사람은 각자의 배역을 담당하며, 모든 역할은 하나같이 중요하다. 하지만 오늘날처럼 경쟁이 치열한 시대에는 많은 사람들이 자신이 맡은 역할을 충분히 선보이지 못한다.

　그 이유는 무엇일까? 상당 부분은 사고방식에 문제가 있기 때문이다. 올바른 사고방식을 가지고 있다면 살아가면서 겪는 많은 일들이 생각처럼 어렵거나 힘들지만은 않다. 당신도 한번 생각해 보자. 우리가 힘들다고 느끼는 가장 큰 까닭은 사건의 본질과 실상을 명

확히 파악하지 못해서다.

그러나 문제를 문제라고 여기지 않고 사건을 사건이라고 여기지 않는다면 그 일 속으로 용감하게 걸어 들어갈 수 있다. 또한 해결이 불가능할 것처럼 커 보이기만 했던 문제가 실은 종이호랑이와 같은 존재였음을 이 과정에서 깨닫게 된다. 때로는 관점을 조금만 바꾸어 다시 생각하면 아주 쉽게 풀리는 문제도 있다.

아이의 사고방식을 전환하여 다른 사람의 입장에서 상황을 분석하게 하면, 많은 경우 문제에 순조롭게 대응할 수 있다. 세상의 많은 사건과 사고는 사람들의 관심과 사랑을 필요로 한다. 일상에서 생긴 오해와 마음의 벽도 마찬가지다. 개인과 개인 사이에 존재하는 생활 방식의 차이, 또 그로 인한 사고방식의 차이가 문제를 일으키는 것이다. 그 중심에는 결국 사람이 있다.

그러므로 아이가 다른 사람의 입장에서 '내가 만일 저 사람이었다면 어땠을까?'라고 생각해 보게 하자. 상대의 행동을 더 깊이 이해하고 문제를 원활하게 해결해 나갈 것이다.


한 어머니가 크리스마스를 맞아 일곱 살 아들을 데리고 선물을 사러 갔다. 거리에는 캐럴이 흘러나오고 크리스마스트리의 불빛은 화려하게 반짝였으며 상점 안에는 형형색색의 장난감들이 즐비해 있었다.

그런데 갑자기 아들이 그녀의 외투 자락을 끌면서 큰 소리로 엉 엉 울어 대기 시작했다. 아들이 겁에 질린 목소리로 말했다.

"신발……. 신발 끈이 풀렸어요."

그녀는 어쩔 수 없이 길 한복판에 쭈그리고 앉아 아들의 신발 끈을 고쳐 매 주기 시작했다. 그러던 중 무심코 고개를 들어 주위를 살피는데, 뭔가 이상한 느낌이 들었다.

조금 전까지 그녀의 눈에 들어왔던 크리스마스의 화려한 볼거리는 전부 높은 위치에 있는 탓에 아이에게는 전혀 보이지 않는 것이었다. 아이의 눈높이에서는 그저 오가는 행인들의 신발과 여자들의 치맛자락, 어두컴컴한 땅바닥만 보였다.

'이렇게 삭막하고 무서운 풍경이었다니!'

처음으로 아들의 눈높이로 세상을 바라본 그녀는 너무 놀라 아들을 꼭 안아 주었다. 그 후로 그녀는 아이의 입장에서 상황을 바라보겠다는 다짐을 마음에 새겼다.

좋은 부모는 아이의 입장에서 상황을 분석하고 세상을 바라본다. 물론 이는 부모뿐 아니라 모든 사람에게 필요한 자세로, 역지사지를 통해 타인의 생각을 이해할 수 있어야 한다. 우리는 매일 사람들을 만나고 교제한다. 그런데 모든 사람에게는 저마다의 생각과 말하는 방식이 존재하지 않던가. 따라서 타인이 나의 생각을 이해하고 받아들이길 원한다면, 먼저 그 사람의 관점에서 상황을 분석하고 바라보아야 한다.

평소 많은 사람들이 자신을 향한 타인의 비판이나 불만 섞인 말을 대수롭지 않게 여겨 별로 귀담아듣지 않는다. 하지만 상대의 입장과 관점에서 접근해 보면, 놀랍게도 과거에 자신이 보지 못했던 세상을 보게 되며 타인을 이해하고 배려하게 된다. 뿐만 아니라 그 사람에 대한 이해는 곧 상대에게 자신이 중요한 존재이고 존중받고 있다는 느낌을 전해 주어, 서로 간의 거리를 좁히고 신뢰와 이해를 높일 수 있다. 타인을 존중하는 일이야말로 결국 나 자신을 존중하는 최상의 방법인 셈이다.

또한 다른 사람의 입장에서 상황을 바라보는 데에 능숙한 사람은 타인의 고통과 아픔에 보다 깊이 공감할 수 있고, 자신의 경험을 바탕으로 그 아픔에 관해 함께 이야기할 수 있다. 참고로, 슬픈 일이나 힘든 일을 겪을 때 자신을 '타인화' 하는 것도 마음을 다스리고 평정심을 되찾는 데 큰 도움을 주는 방법이다.

부모는 누군가가 아이에게 잘못을 저질렀을 때 심각한 일이 아니면 아이가 너그럽게 넘기는 법도 알려 주어야 한다. 반대의 경우로, 때로는 내 아이의 실수 탓에 누군가가 고통 받고 있을지도 모르기 때문이다. 상대방의 시선, 그리고 상대방의 입장에서 상황을 분석하는 아이는 사람들에게 환영받으며 많은 친구들을 얻을 수 있다.

# 05

사과만 잘해도 관계가 회복된다

**앨빈은 소문난 천덕꾸러기다.** 밖에서 놀 때면 이웃집 동생을 밀어 버리거나 자기보다 큰 형들을 발로 걸어차기 일쑤다. 엄마는 그 뒤를 따라다니며 뒤치다꺼리를 하느라 여념이 없지만 앨빈은 단 한 번도 친구들에게 '미안하다'는 말을 한 적이 없다.

한번은 앨빈이 아빠와 함께 삼촌 댁에 놀러 갔고, 그곳에서 사촌 여동생과 소꿉놀이를 했다. 그렇게 한참을 놀던 둘은 누가 경찰 역할을 할지를 놓고 다투기 시작했고, 화가 난 앨빈이 그만 여동생을 밀어서 넘어뜨렸다. 울음이 터진 사촌 여동생은 앨빈의 아빠에게 가서 고자질을 했다.

"앨빈 오빠가 때렸어요!"

아빠가 여동생에게 사과하라며 앨빈을 잡아끌었지만 앨빈은 입을 꾹 다문 채 아무 말도 하지 않았다. 아빠가 꿀밤을 때리려는 시늉을 하자 앨빈은 그제야 억지로 대충 사과를 했다.

"내가 잘못했어. 쳇!"

도무지 반성하지 않는 앨빈의 모습에 아빠는 가슴이 답답해졌다.


누구나 사람들과 교류하다 보면 말실수를 할 때도 있고 잘못을 하게 될 수도 있으며 미움을 사는 일도 생긴다. 심지어 상대에게 정신적으로 피해를 주거나 경제적으로 큰 손실을 안기는 경우도 있지 않던가. 그러나 이때 신속히 과오를 인정하고 진심을 담아 사과의 뜻을 전한 다음 책임지려는 모습을 보인다면 대부분의 경우 상대의 마음은 누그러진다.

반면 자신의 잘못을 알고 난 후에도 사과 없이 이런저런 변명만 늘어놓는다면, 용서는커녕 비난만 받고 인격과 이미지에도 타격을 입곤 한다. 사람들과의 신뢰나 우정을 잃는 것은 불 보듯 뻔하다.

미국의 한 대인 관계 전문가는 "사과를 배우는 것은 사회의 중요한 기능을 습득하는 것과 같다. 진정한 사과를 통해 사람들은 대인 관계 속에서 경험할 수 있는 가장 아름다운 감정을 느끼게 된다"라고 말했다. 이처럼 사과는 결코 창피한 일이 아니며, 진정한 사과는 오히려 그 사람의 훌륭한 인품과 교양을 드러낸다.

남이 질책하거나 비난하기 전에 스스로 잘못을 인정하고 사과하는 것은 상대의 이해와 용서를 받아 내는 데에 훨씬 유리하다. 그러나 잘못을 하고도 무조건 아니라고 잡아떼는 아이들이 많다. 이는 사람과 사람 간의 소통에서 상당히 무례한 행동이다. 게다가 이처럼 끝까지 자신이 옳다고 주장하거나 상대의 잘못만 지적하고 자기 실수는 받아들이지 않는다면, 사람을 사귀기 힘들 뿐 아니라 마음을 알아주는 진정한 친구를 만나기도 어렵다.

아이가 잘못을 했다면 이를 즉시 인정하게 하자. 사과를 할 때는 굳이 객관적인 원인이나 해명을 늘어놓지 않아도 된다. 설사 꼭 설명해야만 하는 이유가 있더라도 먼저 사과의 뜻을 전한 후에 간단하게 덧붙여 말하는 편이 낫다. 설명 또는 해명을 하려고 입을 여는 것부터가 어쩌면 자기 잘못을 부정하는 처사일 수 있기 때문이다. 그러면 상대의 신뢰를 또 한 번 깨뜨리게 되어 두 사람의 사이를 영영 멀어지게 만든다.

또한 사과는 상대에게 반드시 그 진실성이 전해져야 한다. 그러기 위해서는 인내심도 필요하다. 만일 당신의 아이와 다툰 친구가 굉장히 화가 나 있어서 아무 말도 듣지 않으려는 상황이라면 어떻게 해야 할까? 우선 아이가 제삼자를 통해 사과의 뜻을 전달하게 한 뒤,

친구의 마음이 진정될 때까지 함께 기다려 주자. 그런 다음 직접 찾아가 그 앞에서 사과하게 하는 것이 바람직하다.

이때 사과의 표현에는 온화한 말투와 솔직함이 담겨 있어야 한다. "미안해", "용서해 줘", "가르쳐 줄래?" 등 예의 있는 말을 사용하게 하자. 표현은 간결할수록 좋다. 자신의 기본적인 태도를 밝힌 뒤 그에 대해 상대가 용서의 뜻을 전했다면, 반복해서 사과하거나 중언부언할 필요는 없다.

이와 더불어, 아이에게 사과할 수 있는 용기를 북돋워 주자. 간혹 두 아이 모두에게 잘못이 있는데도 서로 고집을 부리며 버티기만 하는 상황이 있다. 이 경우 관계가 악화되기 전에 둘 중 어느 한 사람이 먼저 사과의 손을 내밀면, 오히려 전보다 더욱 절친한 사이가 되기도 한다.

모든 사람들이 자신의 실수와 잘못을 즉시 인정하고 사과할 줄 안다면 사회의 각종 마찰과 분쟁은 확연히 줄어들 것이다. 그러면 아이들에게는 '평화'와 '안정', '조화' 같은 단어가 익숙한 세상이 되지 않을까? 부모는 아이에게 사과란 현대를 살아가는 문명인의 기본 소양이며, 진심 어린 사과는 깨어진 관계도 되돌릴 수 있다는 사실을 알려 주어야 한다. 사과하는 법을 배우면 인간관계의 긴장을 풀고 더욱 풍부하고 아름다운 삶을 누릴 수 있다고 말이다.

부모라면 누구나 내 아이가 건강하고 즐거운 인생을
누리면서 사회에서 두각을 나타내길 원한다. 또 원만한
대인 관계를 유지해 어디를 가든 환영받는 사람이 되길
바란다. 하지만 많은 부모가 아이의 지능 계발에만
관심을 가질 뿐 감성을 계발해 주는 데는 무관심하다.
'마음의 지능지수'라 불리는 감성지수는 자신의 감정을
적절히 조절하고 원만한 인간관계를 구축할 수 있는
능력을 뜻한다. 이 같은 정서적 관리 능력이 뛰어나야
아이는 삶에서 맞닥뜨리는 어려움과 좌절을 잘 이겨
내며, 자신감을 갖고 인생을 개척해 나갈 수 있다.

STEP
7

감성지수
계발하기

# 01

무리에서 겉돌지 않는 법

<u>또래 친구들과 사이좋게 지내는 것은 아이 스스로 해결해야 하는 일로 부모가 대신해 줄 수 없다.</u> 아이는 친구들과 함께 놀면서 신체적으로 성장하고 각종 지식과 능력을 습득하며 밝은 성격과 좋은 성품을 갖추게 된다. 또 교제를 통해 자신을 객관적으로 인식하고 타인을 이해하게 된다. 나아가 독단적인 모습을 버리고 다른 사람과 협력하는 법을 배운다.

하지만 최근 들어서는 사회에 적응하지 못해 홀로 외롭게 지내거

나 무리에 잘 섞이지 못하는 아이들이 많아지고 있다. 이런 현상이 나타나는 원인은 여러 가지가 있는데, 근본적으로는 정상적인 친구 관계를 형성하지 못하기 때문이다.

오늘날 텔레비전뿐 아니라 휴대전화, 컴퓨터 등의 디바이스가 발달하고 가족의 형태 역시 단순화되고 생활 리듬이 빨라지면서, 사람과 사람이 면 대 면으로 교류할 기회가 줄어들었다. 마찬가지로 아이들끼리 서로 어울리고 접촉할 기회도 적어졌다. 줄곧 이런 환경에 놓여 있는 아이는 사교성이 떨어지고, 결국 대인 관계를 기피한 채 예민하고 괴팍한 성격을 형성한다. 따라서 부모는 우선 아이의 심리 상태를 파악한 다음 그 상황에 대한 객관적인 조건을 마련해 주어 아이가 겪는 문제를 극복하도록 이끌어 주어야 한다.

어떻게 하면 아이가 어려움 없이 사람을 사귀도록 도와줄 수 있을까? 하버드의 교육 전문가들은 다음의 방법들을 권한다.

## (1) 인지 능력을 길러 주어라

평소 아이에게 다른 친구들의 장점과 특기를 자주 짚어 주고 그들에게 배울 점이 있다는 이야기를 많이 해 주자. 또는 위인들의 어릴 적 이야기를 종종 들려주어 아이가 사회로 용감하게 나아가고 타인과 협력할 수 있는 의식을 길러 주는 방법도 좋다. 아이 스스로 인간관계에 대해 긍정적 인식과 평가를 내릴 수 있도록 유도해 주는 것이다. 건강한 사람은 자신과 타인을 정확하게 인식하며, 특히 다른 사람의 장점을 발견하고 이를 배울 줄 안다는 점을 알게 할 필요가 있다.

### (2) 교제할 기회를 만들어 주어라

휴일이나 연휴를 이용해 아이와 공공장소에 함께 나가 더 많은 친구를 사귈 기회를 만들어 주자. 각종 단체 활동에도 참여해 아이가 대인 관계 속에서 감정적 즐거움을 얻도록 도와주어야 한다. 이로써 아이의 사회 적응력이 향상되며 독립적이고 활발한 성격 형성에도 긍정적인 영향을 미친다.

### (3) 장점을 발휘하도록 이끌어라

아이가 자신을 표현하고 장점이나 특기를 발휘할 수 있게 해 친구들에게 인정받을 기회를 마련해 주자. 이를 통해 아이는 스스로에 대한 신뢰와 자신감을 얻는다. 또 해당 분야에서 보다 노력할 것이므로 자연히 더욱 성장하게 된다. 설령 그것이 아주 작은 성장일지라도 다른 무엇보다 긍정적인 신호일 것이다.

### (4) 아이의 친구들을 알아 두어라

아이가 친구들을 집으로 자주 초대할 수 있게 허락하고 집에 오면 환영해 주어야 한다. 아이가 사귄 친구를 함부로 판단하거나 무시하지 말아야 한다. 부모의 이러한 태도는 아이가 장차 자신의 인간관계를 넓혀 가는 데에 매우 결정적인 요소로 작용하기 때문이다.

## (5) 친구를 잘 사귀는 법을 알려 주어라

말은 예의 바르고 교양 있게 해야 하며 행동은 대범하고 솔직해야 한다. 친구들과 사귈 때 선입견을 버리고 상대의 말을 경청하며 재미있는 분위기를 유지하도록 노력하게끔 지도하자. 다른 사람을 존중하고 이해하며 관심을 가질 때 비로소 아이는 대인 관계 속에서 자신의 입지를 다질 수 있다.

## (6) 아이에게 좋은 '도우미'가 되어 주어라

아이가 교내 단체 활동에 적극적으로 참여하도록 독려해 그 속에서 단체 의식을 기를 수 있도록 도와주어야 한다. 또 아이 앞에서는 아이의 학교나 학급, 담임선생님에 대한 부정적인 평가를 최대한 자제해 아이가 그들에 대한 신뢰를 잃지 않도록 해 줘야 한다.

아이를 지나치게 구속하거나 너무 많은 요구 사항을 제시해서도 안 된다. 부모는 어디까지나 아이가 보다 편안한 환경에서 자연스럽게 성장할 수 있도록 도와주어야 한다. 꼭 필요할 때만 적절히 지도하거나 훈계하는 것도 일종의 지혜가 아닐까?

만일 아이가 소심하고 부끄러움을 많이 타는 성격이라면, 이를 아주 천천히 고치도록 이끌어야 한다. 성격은 하루아침에 형성된 것이 아니다. 그러니 한순간에 변화하겠다고 마음먹을 수도 없다. 특히 이런 아이는 부모가 사람들 앞에서 자신을 크게 혼내거나 질책하면 매우 큰 상처를 받는다. 자신의 마음속에서 권위를 갖고 있는 사람들, 즉 부모나 선생님의 평가에 유독 민감하기 때문에 이들이 자신을 부정하면 본인이 정말 쓸모없는 존재라고 생각하는 것이다.

그러므로 아이의 마음속에 부모가 차지하는 위치와 지위를 소중하고 감사히 생각하고, 아이의 연약한 마음을 따뜻하게 보듬어 주자. 내성적이고 소심한 아이라면 더더욱 그래야 하며 교육법도 단계적으로 차근차근 밟아 가야 한다.

가령, 성격 탓에 다른 사람과 말하는 것을 피하기만 하는 아이일 경우 부모는 집에 손님이 방문했을 때 아이가 인사부터 할 수 있도록 도와주는 것이 좋다. 그런 다음 주변 이웃이나 친구에게 인사하게 하고, 그다음에는 키즈 카페 같은 곳을 찾아가 낯선 친구들과 인사하는 연습을 시키자. 이 과정에서 아이를 절대 강압적으로 몰아가서는 안 되며, 아이를 부정하거나 비난하는 표현도 금물이다. 대신 그때그때 적합한 칭찬과 격려로 인도해 주면 아이는 조금씩 성장하는 모습을 보일 것이다.

# 02

규칙을 통한 자기 제어

**대부분의 아이들은 호기심이 강하다.** 하지만 자신의 행동이 어떤 결과를 가져오는지는 잘 예측하지 못해 부모를 불안하게 한다.

아이들에게 어떻게 하면 자신을 잘 관리하고 제어하도록 가르칠 수 있을까? 하버드 교육 전문가들은 다음의 방법을 권한다.

## (1) 부모가 모범을 보여라

하루는 어맨다와 엄마가 길을 걸어가고 있었다. 횡단보도 앞에 다

다르자 조금 전까지 파란불이던 신호등에 빨간불이 켜졌다. 횡단보도 양쪽에서 다가오는 자동차는 없었고, 이를 본 어맨다의 엄마는 딸의 손을 잡아끌며 말했다.

"차가 없네. 그냥 건너자."

그러자 어맨다가 엄마를 말렸다.

"안 돼요, 엄마! 빨간불이에요!"

어맨다의 엄마는 성가셔하며 딸을 재촉했다.

"아휴, 넌 무슨 말이 그렇게 많니? 빨리 건너!"

어맨다는 엄마의 힘에 이끌려 어쩔 수 없이 횡단보도를 건넜다.

이런 일이 몇 차례 반복되자 어맨다는 일상생활에서 점점 규칙이나 약속을 지키지 않았고, 아예 제멋대로 행동하는 일도 많아졌다. 어맨다의 엄마가 자신의 잘못된 교육이 딸에게 악영향을 미쳤다는 사실을 깨달았을 때는 이미 후회해도 소용이 없었다.

## (2) 아이가 규칙을 정하게 하라

아이의 자기통제를 돕기 위해 부모는 규칙을 정하거나 계획을 짤 때 아이의 의견을 적절히 반영해 주는 것이 바람직하다.

여름방학이 끝나면 로즈는 초등학교 4학년이 된다. 방학 동안 로즈는 방학 숙제를 철저히 마쳤을 뿐 아니라 초등부 수영반에 등록

해 수영까지 마스터했다. 이를 모두 해낸 비결은 무엇이었을까?

로즈가 서너 살 때부터 엄마는 아이 혼자서 손을 씻고 수건에 닦게 하는 등 자그마한 일부터 스스로 하도록 가르쳤다. 물론 처음에는 시행착오가 많았다. 로즈는 손을 씻느라 화장실 바닥을 온통 물투성이로 만들어 놓기 일쑤였지만 엄마는 한 번도 딸을 꾸짖지 않고 칭찬해 주었다. 시간이 지나자 로즈는 혼자 손 씻는 일에 익숙해졌고, 홀로 할 수 있는 일은 자기가 나서서 먼저 해 보려고 했다.

초등학교에 들어간 뒤에는 아빠와 로즈가 함께 규칙을 정했다. 예를 들면 방과 후 집에 돌아와서는 숙제부터 하기, 텔레비전은 하루에 1시간만 시청하기, 그날 해야 할 일은 그날 끝내기 등이었다.

아빠 역시 지켜야 할 규칙이 있었다. 집 안에서 담배 피우지 않기, 매일 설거지하기 등이었다. 이는 모두 아빠와 로즈가 함께 상의한 끝에 정한 규칙이었으며, 종이 한편에는 두 사람이 각각 사인도 했다. 규칙을 어기는 사람은 그에 상응하는 벌칙을 받기로 약속했다.

로즈는 이 방법이 마음에 쏙 들었다. 가족 구성원이 정해진 제도에 따라 행동해야 했기에 공평하고 합리적이라고 생각했고, 그래서 처음에 규칙을 만들어 보자는 아빠의 제안도 기꺼이 받아들였다. 아빠가 가끔 참지 못하고 집 안에서 담배를 피우면 로즈가 그를 지적하며 제지하기까지 했다.

나중에 아빠는 로즈에게 숙제하는 시간과 노는 시간을 스스로 정해 보라고 했다. 로즈가 자신의 계획을 들려주자 아빠는 "정말 멋지네! 그대로 실천하기만 하면 되겠어!" 하고 딸을 격려해 주었다. 그렇게 로즈는 부모님의 칭찬과 격려 속에서 점점 스스로 해내는 아이로 성장했다.

부모가 일방적으로 규칙을 정해 이를 지키도록 강요하기보다는 아이와 함께 상의하며 규칙을 수립해 나가자. 이 과정을 통해 부모는 아이를 독립된 주체로서 충분히 존중한다는 마음을 전할 수 있고, 아이는 계획성은 물론 자기통제력과 책임감을 키울 수 있다.

### (3) 강압적인 태도를 버려라

욕심 탓에 내 아이가 모든 일을 부모 자신의 뜻대로만 하도록 강요하는 경우도 많다. 그러나 억지로 하게 된 행동은 그것이 옳았다 해도 아이가 오래 기억할 수 없을뿐더러 부모에 대한 반항심만 생길 수 있다. 반면에 아이가 원해서 스스로 한 행동이라면 긍정적 효과는 배가 된다.

가령 당신이 어떤 일을 시켰는데 아이가 "조금만 이따가 할게요"라 대꾸하고는 시간이 지나도 꿈쩍할 생각을 않는 상황을 가정해 보자. 이때 당신은 버럭 화를 내기도 하고, 아니면 답답하거나 안쓰러운 마음에 아이 대신 그 일을 해 버리기도 할 것이다. 그런데 이는 당장은 아이를 위하는 방법일지 몰라도 궁극적으로 아이를 수동적이고 무능한 사람으로 만드는 처사이다. 뒤늦게 버릇을 고쳐 주려

해도 기회를 잡을 수 없다.

따라서 이런 경우 아이가 구체적으로 얼마 후를 가리키는 것인지, 정확히 몇 시에 할 것인지 등을 밝히게 하자. 그리고 약속한 시간에 꼭 이행해야 한다는 사실을 알려 주는 것이다. "당장 하라니까!"처럼 강압적으로 말하는 것은 역효과만 낼 뿐이다. 어릴 때부터 스스로 무언가를 해내고 자기를 통제하는 연습을 한 아이는 자신이 해야 할 일과 그렇지 않은 일을 정확히 판단할 수 있다.

그러므로 부모는 아이가 스스로 해내려 하는 의지 자체를 인정하고 격려해 주어야 하며, 그 결과가 다소 기대에 못 미치더라도 높이 평가해 주어야 한다. 이를 통해 아이는 차츰 자신의 행동에 책임감을 느끼게 되고 그 행동은 자연스럽게 습관으로 형성된다.

물론 자녀의 행동을 이러쿵저러쿵 논하기 전에 부모부터가 규칙과 제도를 지키는 행동으로 본보기가 되어야 한다. 아이에게 선뜻 "자, 이렇게 해 보렴"이라고 제시할 수 있으려면 말이다. 또한 평소 자녀에게 생활 규칙을 정해 줄 때는 아이의 의견을 반영하고, 부모 역시 아이가 원하는 규칙을 실천함으로써 이 약속이 충분히 민주적이고 합리적이라고 느끼게 하자. 그래야만 아이에게는 규칙을 따를 동기가 생길 것이다.

# 03

자기중심적 성격 바로잡는 법

아론의 부모는 요즘 사고뭉치 아들 때문에 걱정이 많다. 유치원에서 제멋대로 행동하는 아들이 얼마 전에는 같은 반 여자아이의 머리를 세게 때려 상처를 입혔기 때문이다. 그 후로 반 아이들은 아론을 무서워했고 그를 '괴물'이라는 별명으로 불렀다. 결국 학부모들의 강력한 항의로 아론은 유치원을 옮기는 상황까지 발생했다.

이 일이 있고 난 뒤 아론의 부모는 아들을 자세히 관찰하기 시작했다. 아이의 막무가내인 모습은 곳곳에서 드러났다. 누군가 자신의 장난감을 만지거나 엄마가 다른 친구를 조금만 칭찬해 줘도 아론은 짜증을 내고 괴팍하게 행동했다. 아론은 나눔과 절제를 모르며 마음대로 말하고 행동하는 골치 아픈 아이였다.

문제는 부모 자신들이 아이의 이런 행동을 부추기는 역할을 해 왔다는 사실이었다. 맞벌이를 하는 터라 주로 할머니와 할아버지가 아론을 돌보았고 부모가 함께 놀아 줄 시간이 없다 보니, 미안한 마음에 아론이 하고 싶어 하는 대로 전부 들어주었던 것이다.

아론이 원하는 물건도 무조건 다 사 주었다. 교육 환경이라도 마련해 줘야겠다고 생각한 그들은 아이가 피아노를 원하면 피아노를 사 주었고, 영어 애니메이션 DVD가 갖고 싶다고 하면 DVD를 사 주었다. 하지만 아론은 한번 갖고 놀고 나면 새 물건이라 해도 구석에 팽개쳐 두거나 망가뜨리는 등 귀하게 여길 줄 몰랐다.

아이가 제멋대로 구는 행동은 선천적인 성격 탓도 있지만 부모의 후천적인 교육과도 깊은 연관이 있다. 밖에서 일하느라 바쁜 부모라면 특히 아이의 이런 행동에 더욱 주의를 기울이고, 지금보다 많은 시간을 할애해 함께 놀아 주고 사랑해 주어야 한다.

이때 아이의 행동과 습관을 얼른 고치겠다며 급하게 마음먹어서는 안 된다. 막무가내 행동은 매우 점진적인 과정을 통해 형성되는 습관이므로, 고치는 데도 오랜 시간이 필요하며 단계적으로 접근할 필요가 있다. 그 방법으로는 다음의 몇 가지를 꼽을 수 있다.

## (1) 이치에 맞게 설명해 주어라

아이가 막무가내로 굴 때는 일단 아무도 없는 조용한 곳으로 데려가는 것이 좋다. 이때 아이가 억울하다며 울고불고 떼를 써도 받아 주어선 안 된다. 차츰 흥분을 가라앉혀 진정되기를 기다리자. 그러고 나서 아이에게 조금 전처럼 행동하면 안 되는 이유를 차근차근 설명해 준다. 이는 아이의 행동을 즉각 바로잡는 데 상당한 효과가 있다. 다만 단기적인 해결법이라는 점을 기억하자.

## (2) 대인 관계를 넓혀 주어라

흔히 자기중심적인 아이들이 제멋대로 구는 경우가 많다. 아이가 '나'를 벗어나 다른 사람의 입장에서도 사물과 환경을 바라볼 수 있는 계기를 마련해 주자. 더 많은 사람들과 자주 어울리게 한다면, 아이는 상대방의 관점과 그 다양성을 이해하고 배려하는 마음을 키워 나갈 것이다.

## (3) 일관성 있게 교육하라

아이가 아무리 고집을 부리고 울며불며 떼쓰더라도 부모는 자신의 결정과 생각을 바꾸어서는 안 된다. 아이와 함께 원칙을 정하고 자녀의 동의를 얻었다면 이를 변함없이 지켜 나가야 한다. 그때그때 태도를 바꾸거나 아이와 타협하는 것은 금물이다. 그렇게 해야만 아이는 '해도 되는 것'과 '해선 안 되는 것'을 구별할 수 있으며 자기통제력도 기를 수 있다.

　과거 아이들이 동네에서 우르르 몰려다니며 함께 뛰놀던 시대에
부모들은 각 집의 아이가 어떤 성격인지, 내 아이는 무엇이 어떻게
다른지 별로 신경 쓰지 않았다. 아이들 또한 부모님이 옆에 없어도
친구들과 정신없이 놀며 시간을 보내기 일쑤였다. 그런데 오늘날 많
은 부모들은 자녀가 조금만 다른 모습을 보여도 노심초사한다. 하지
만 그처럼 일희일비할 필요는 없다. 부모가 자신감만 있다면 아이의
성격을 바꿀 수 있다.

　언제 어디서나 서로가 대화하고 교제할 수 있는 오늘날에는 '소
통'이 운명을 바꿔 놓기도 한다. 그만큼 아이의 소통 능력 또한 어느
때보다 중요해졌다. 제멋대로 구는 모습이 사라진다면, 아이는 친구
들과 원활하게 소통하고 긍정적인 영향을 주고받으면서 건강하게 성
장할 것이다.

# 04

양보와 이해가 행복을 가져온다

<u>아이들은 단순하고 천진난만하다.</u> 자신의 욕구와 감정을 그대로 드러내며 숨길 줄 모른다. 그래서 극도로 화가 났을 때는 자기를 전혀 통제하지 못한 채 큰 소리로 떼쓰며 울거나 고함을 지르곤 한다. 감정을 절제하는 능력은 약 5세 이후에야 조금씩 갖춰지며, 그 전까지 아이들은 울고 싶으면 울고 소리치고 싶으면 크게 소리를 지른다. 물론 이런 표현을 통해 부모는 아이의 심리 상태를 쉽게 파악할 수 있다. 그러나 아이가 줄곧 이 같은 모습을 보이는 것은 감성지수가 높

지 않다는 사실을 증명한다.

부모는 아이가 어릴 때부터 긍정적인 감정을 유지할 수 있도록 도와주어 정신적으로 건강하게 성장하고 만족스러워할 수 있도록 지도해 주어야 한다. 올바른 행동이 무엇인지, 그 합리적인 이유는 또 무엇인지 그때그때 설명해 줌으로써, 아이가 반드시 익혀야 할 것들을 알려 주고 감정 조절 능력을 키워 주며 남에게 양보할 줄 아는 자세를 가르치자.

이해심이 부족하고 속이 좁은 아이는 다른 사람의 장점에 쉽게 질투심을 느끼며 작은 일에도 마음이 상한다. 이런 아이는 이후에 성인이 되어서도 매사에 불만을 품는다. 반대로 마음이 넓은 아이는 사소한 일에 얽매이지 않으며 쉽사리 좌절하거나 낙담하지 않고, 쉽게 친구를 사귀고 성공을 얻는다. 따라서 아이가 어릴 때부터 양보와 관용의 미덕을 알도록 깨우쳐 줄 필요가 있다. 이를 위해 부모가 구체적으로 실천 가능한 방법에는 어떤 것들이 있을까?

### (1) 부모가 본보기가 되어라

"눈에는 눈, 이에는 이"라는 말처럼 상대에게 앙갚음을 하도록 교육하는 부모들이 있다. 하지만 이는 아이의 승부욕만 자극할 뿐 좋은 교우 관계를 유지하는 데에는 아무런 도움이 되지 않는다. 향후 성인이 된 자녀의 대인 관계, 나아가 부부 관계에까지 부정적인 영향을 미친다. 이렇듯 아이에게 관용과 양보를 알려 주는 것은 지금 아이가 또래 친구들과의 관계를 원만히 이어 가게 할 뿐 아니라 미래에 행복한 삶을 살아갈 수 있는 기초를 다져 준다.

현명한 사람은 작은 실수를 마음에 담아 두지 않는다. 그리고 '백문이 불여일견'이듯이, 이러한 태도를 아이에게 전하는 가장 좋은 방법은 눈앞에서 이를 직접 지켜보게 해 주는 것이다. 즉 부모가 아이 앞에서 넓은 마음으로 다른 사람을 대하는 모습을 보이고, 그렇게 하면 일을 순조롭게 처리할 수 있음을 알게 하자. 남에게 관용을 베푸는 삶은 아이의 평생에 도움이 된다.

## (2) 완벽한 사람은 없다는 사실을 알려 주어라

사람이라면 누구나 단점이 있고 부족한 면이 있다. 따라서 친구를 사귀거나 사람을 만날 때 상대에게 완전무결을 강요할 수 없으며, 서로의 장점을 취해 단점을 보완하려고 해야 한다.

아이에게도 이런 자세를 가르쳐 줄 필요가 있다. 친구가 기분이 좋지 않을 때 했던 말과 행동을 속에 담아 두고 너무 깊게 생각하지 않게 하자. 사사건건 공평함과 합리성을 따지려 하는 태도를 제지해 주자. 다른 사람을 용서하고 너그러운 마음으로 이해하고 양보하는 것이 아이 자신을 좀 더 멋진 길로 인도하는 행동임을 알려 주면 된다.

물론 이때 관용은 상대방이 두렵거나 아이 자신이 연약해서, 혹은 얼떨결에 베푸는 것이 아니라는 점을 명확하게 짚어 주어야 한다. 관용이란 시비를 정확히 분별한 뒤에 타인을 위해 베푸는 양보의 마음이지, 나쁜 사람이나 옳지 못한 일과 타협하는 태도가 아님을 일깨워 줄 필요가 있다.

### (3) 옹졸한 마음을 고치도록 유도하라

유독 타인에 대한 이해심이 부족하고 잘 삐지는 아이들이 있다. 먼저 아이가 또래 친구들과 접촉할 기회를 많이 만들어 주자. 다양한 대인 관계를 경험하는 것이 우선이다. 만일 이 과정에서 아이와 친구 사이에 마찰이나 다툼이 일어난다면, 부모는 자녀 편만 들 것이 아니라 아이가 정확하게 자기 자신을 분석할 수 있도록 도와주어야 한다. 문제의 원인을 살펴 자신에게 잘못은 없었는지 돌아볼 수 있게 유도하는 것이다.

이때 설령 아이의 친구가 잘못이나 실수를 한 것이더라도, 아이가 이를 어느 정도 이해하고 용서할 수 있게 하자. 단, 무조건적인 용서를 강요할 것이 아니라 부모는 아이의 속마음에 충분히 귀 기울여 주어야 한다. 아이가 받은 상처를 짚어 보는 대화를 하자.

마지막으로, 부모 역시 실생활에서 다른 사람과 갈등을 경험할 때 너그러운 마음으로 타인을 품어 주고 인색하게 따지지 말아야 한다. 내 아이가 전부 지켜보고 있다는 사실을 명심하자.

### (4) 역지사지의 마음으로 생각하게 하라

많은 아이들이 자신의 입장과 관점으로만 문제를 바라보는 데에 익숙하다. 그러다 보니 필연적으로 갈등이 발생하는데, 항상 다른 사람의 처지에서 생각하는 자세를 키워 주자. 이를 진정으로 실천할 수 있다면 상대를 이해하고 불필요한 마찰과 다툼도 줄일 수 있다.

바둑을 둬 본 사람은 알 것이다. 처음에 바둑을 배우기 시작하면 내가 이번 수에 무엇을 놔야 할지만 생각할 뿐, 상대의 수는 생각하지 못한다. 일정 수준에 도달한 뒤에야 나는 무슨 수를 두어야 하고 상대는 이를 어떻게 받아칠지, 그러면 나는 다시 어떻게 대응해야 할지를 생각하게 된다. 이렇게 수를 내다보는 눈이 밝아질수록 바둑 실력도 상승한다.

이는 아이의 삶에서도 마찬가지다. 역지사지의 자세로 상대의 입장에서 문제를 바라본다면 아이는 인생의 각종 문제와 마찰을 매끄럽게 해결할 수 있다. 왜냐하면 부모의 관점에서 생각하면 자신을 걱정하는 부모님의 마음을 읽을 수 있고, 조부모의 관점에 서면 할아버지 할머니의 사랑과 관심을 느낄 수 있으며, 교사의 입장에서는 선생님의 노고를 알 수 있기 때문이다.

행복한 인생은 무엇보다 사람과 사람 간의 좋은 관계가 바탕이 된다. 그리고 이러한 인간관계를 가져오는 것은 바로 관용과 너그러운 마음이라는 사실을 기억하자.

# 05

진투심에 대처하기

흔히 2~3세 아이들은 엄마가 자신이 아닌 다른 아이를 안으면 곧장 달려와 그 아이를 내려놓고 자기를 안아 달라고 떼를 쓴다. 이 감정이 바로 질투다. 부모는 다음의 방법들을 통해 아이의 질투심을 완화해 줄 수 있다.

## (1) 바람직한 환경을 조성하라

가정에서 어른들이 서로를 의심하고 무시하며 아이들 앞에서 다른 사람을 욕하거나 비난한다면 아이의 마음속에도 이런 심리가 자라게 된다. 아이의 질투심을 예방하거나 바로잡는 가장 기본적인 방법은 부모가 가족 간에 서로 존중하며 품어 주고 양보하는 환경을 만들어 주는 것이다.

## (2) 겸손과 양보에 관해 알려 주어라

겸손은 사람을 성장하게 하고 교만은 사람을 후퇴하게 한다는 진리를 일깨워 주어야 한다. 설령 다른 사람이 자신을 칭찬하지 않는다고 해도 괜찮다는 사실을 아이에게 전해 주자. '너에게는 너만의 장점이 있으며, 그 장점을 계속 유지하면서 다른 친구들에게도 배워 나간다면 더 멋진 사람이 될 수 있다'고 다독여 주어야 한다.

## (3) 아이를 정확하게 평가하라

칭찬과 격려를 싫어하는 아이는 없다. 적절한 칭찬과 격려는 아이의 장점을 더욱 빛나게 만들어 주며 자신감을 키워 끊임없이 성장하게 한다. 하지만 지나치게 칭찬만 늘어놓을 경우 아이는 교만해져 남을 무시한 채 오직 자기만 생각하게 되고, 심지어 남이 조금이라도 칭찬받는 모습은 극도로 싫어하기에 이른다.

어린아이들은 아직 자의식이 충분히 형성되지 않아 상황을 전체적으로 살피거나 자신과 타인을 객관적으로 바라보지 못한다. 그러다 보니 어른들이 하는 말을 자기 평가의 기준으로 삼는다. 따라서 부모는 아이를 정확하고 객관적으로 평가해 주어야 한다. 아이의 장점과 단점을 골고루 지적해 주되, 모든 사람에게 장단점이 공존하며 친구들 사이에서 배우고 노력하는 사람만이 계속 성장할 수 있다는 사실을 일깨워 주어야 한다.

### (4) 재능을 키울 수 있도록 도와주어라

아이를 꾸짖거나 훈계하기보다는 아이가 자신의 역량을 키울 수 있도록 구체적인 도움을 주자. 여건이 된다면 아이의 친구에게 부탁해 자녀가 어떤 일을 할 때 이러저러하게 도와주도록 해 보는 것도 좋다. 이로써 아이의 능력을 키울 수 있을 뿐 아니라, 친구 사이에 서로를 돕고 싶은 마음이 생겨서 질투심을 극복할 수 있다.

### (5) 올바른 경쟁의식을 심어 주어라

승부욕이 강한 아이는 쉽게 질투를 느낀다. 이런 자녀를 둔 부모는 아이가 자신의 실제 능력을 다른 아이와 견주어 보게 한 뒤 선의의 경쟁을 하도록 도와주자. 이로써 아이가 그 격차를 극복하고 단점을 보완하게 하는 것이다. 단, 부당하고 비겁한 방법으로 얻은 승리는 가짜 승리라는 사실을 함께 일깨워 주자. 아이의 승부욕이 긍정적인 방향으로 나아가도록 유의해야 한다.

# 06

모든 사람은 존중받아야 한다

<u>인간관계에서 타인을 존중하고 배려하는 것은 기본 중의 기본이다.</u> 타인을 존중하지 않는 언행은 상대의 반감을 불러일으키며, 그 사람 역시 상대에게 존중을 얻기 어렵다.

아이가 상대방의 지위나 신분, 외모를 막론하고 그의 인격을 존중하도록 이끌어 주자. 이로써 상대에게 '나는 환영받고 있다'는 느낌을 전해 만족감과 즐거움을 주도록 말이다.

미국의 어느 유명한 부자가 길을 가던 중 남루한 옷차림으로 연필을 팔고 있는 사람을 보게 되었다. 갑자기 안쓰러운 마음이 생긴 부자는 별생각 없이 그 사람의 손에 10달러를 쥐어 준 뒤 가던 길로 향했다. 그런데 몇 걸음 가지 않아 자신이 뭔가 잘못했다는 생각이 들었고, 지나왔던 길로 다시 돌아섰다. 그러고는 그 사람에게 자기가 연필을 가져가는 걸 깜빡했다며 사과하고는 최대한 예의 바른 말투로 이렇게 덧붙였다.

"저도 당신과 같은 판매업에 종사하고 있습니다."

1년 후, 비즈니스 업계에 큰 포럼이 열렸다. 회의에 참석한 그에게 어디선가 양복을 멀끔하게 차려입은 한 남자가 다가와 말했다.

"제가 누군지 모르실 겁니다. 하지만 저는 영원히 당신을 기억할 겁니다. 당신은 저의 자존감을 세워 주고 자신감을 불어넣어 준 사람이에요. 예전에 저는 연필이나 팔아먹고 사는 가난뱅이라고 스스로를 비하했지요. 하지만 당신이 저에게 했던 한마디, '같은 판매업에 종사한다'는 그 말이 제 인생을 완전히 바꿔 놓았습니다."

부자가 건넨 말 한마디가 열등감과 패배감으로 자기 삶을 보잘것없이 여기던 한 사람을 일으켜 세우고 새로운 삶을 살도록 이끌었다. 상대를 존중해 준 간단한 말이 그저 돈을 적선하는 것과는 비교도 할 수 없는 엄청난 위력을 발휘한 것이다.

미국 뉴욕 맨해튼에서 있었던 일이다. 40대 정도의 한 중년 여성이 어린 남자아이를 데리고 자이언트엘리펀트 그룹 본사 1층에 있는 정원에 들어섰다. 그녀는 매우 화가 난 얼굴로 남자아이에게 끊임없이 무언가를 말하고 있었다. 멀찌감치 떨어진 곳에서는 머리가 하얗게 센 노인이 정원의 관목을 다듬고 있었다.

그런데 갑자기 중년 여성이 어깨에 메고 있던 핸드백에서 화장지 한 뭉치를 꺼내 손을 닦고는 노인이 다듬고 있는 관목 위로 던져 버렸다. 노인은 고개를 돌려 여자를 쳐다보았지만 여자는 그를 완전히 무시했다. 노인은 아무런 말도 하지 않고 그녀가 던진 화장지를 주워 휴지통에 버렸다.

그런데 그가 정원 가위를 들고 관목을 다듬으려는 순간 다시 휴지 뭉치가 그의 발 앞에 떨어졌다. 그렇게 노인은 여자가 던진 휴지를 일곱 번 정도 주워 휴지통에 버리면서도 불만을 표시하거나 짜증스러운 얼굴을 하지 않았다.

여자는 관목을 다듬는 노인을 가리키며 아이에게 말했다.

"잘 봐 둬. 공부 열심히 안 하면 너도 나중에 저 할아버지처럼 가난한 정원사나 되는 거야."

이 말을 들은 노인은 가위를 내려놓은 뒤 여자에게 다가갔다.

"부인, 여긴 회사 로비의 정원입니다. 규정대로라면 이곳에는 직원들만 들어올 수 있습니다."

"알고 있어요. 나도 이 건물에서 일한다고요!"

여자는 거만한 얼굴로 사원증을 꺼내 노인의 눈앞에 흔들었다.

"죄송하지만 휴대전화 좀 잠시 쓸 수 있겠습니까?"

잠깐 침묵했던 노인이 여자에게 부탁했다. 여자는 내키지 않는다는 얼굴로 휴대전화를 노인에게 던지다시피 건넸다.

통화를 마친 노인은 전화기를 여자에게 돌려주었다. 잠시 후 한 남성이 정원 안으로 황급히 들어오더니 노인 앞으로 달려와 공손한 자세를 하고 섰다. 그러자 노인이 그 남자에게 말했다.

"앞으로 이 여성분이 여기에서 일할 수 없도록 해 주게."

"네, 알겠습니다. 지시대로 처리하겠습니다."

남자는 노인의 말에 재깍 대답했다.

노인은 남자아이의 머리를 한번 쓰다듬고는 이렇게 조언했다.

"세상에서 가장 중요한 건 다른 사람을 존중하는 일이란다. 네가 이 사실을 알았으면 좋겠구나."

말을 마친 그는 정원 밖으로 천천히 걸어 나갔다.

여자는 눈앞에 일어난 상황에 할 말을 잃고 그 자리에 멍하니 서 있었다. 옆에 있는 남자가 회사에서 중책을 맡은 임원임을 알고 있었기 때문이다. 여자가 남자에게 물었다.

"어…… 어째서 저 늙은이를 그렇게 공손하게 대하시는 거예요?"

"늙은이라니! 저분이 제임스 회장님이오."

여자는 다리에 힘이 풀려 털썩 주저앉고 말았다.


진정으로 타인을 존중하는 사람만이 자신도 똑같이 존중받을 수 있다. 하버드인들은 타인을 존중하는가 그렇지 않은가를 한 사람의 도덕관념과 행위를 평가하는 중요한 기준으로 삼는다. 그래서 평소 아이가 타인을 진심으로 존중하도록 가르친다. 설사 남을 비평할 때에도 그 사람의 자존심을 자극하지 않고 우호적인 분위기 속에서 진행하도록 지도한다.

타인을 존중하는 습관이 아이의 일상 곳곳에 녹아들 수 있도록 교육하자. 구체적인 지침을 나열하자면 다음과 같다.

우선 타인의 종교나 신앙, 민족적 풍습을 존중한다. 노인을 공경하고 어린아이들을 사랑하는 마음을 가지며, 장애인을 무시하지 않는다. 손님을 예의 바르게 대접하고, 수업 시간에 대답할 때는 자리에서 일어난다. 물건을 주고받을 때는 두 손을 사용하고, 친구를 모욕적인 별명으로 부르지 않으며, 허락 없이 다른 사람의 공간이나 방에 들어가지 않는다. 자신의 것이 아닌 물건에는 함부로 손대지 않으며, 남의 일기나 편지를 함부로 보지 않는다. 상대방이 말하는 도중에 마음대로 끼어들지 않는다. 다른 사람의 공부나 일, 휴식을 방해하지 말아야 하며, 타인을 불편하게 했다면 사과한다.

'예의'라는 개념으로 접근한다면 충분히 예상 가능한 것들이다. 그럼에도 이것이 중요한 까닭은 바로 내 아이를 위해서다. 타인에 대한 존중은 궁극적으로 아이의 삶에 빛나는 미래를 펼쳐 줄 것이다.

# 07

## 자기표현의 기회, 많을수록 좋다

**결정적인 순간에 '앞줄'에 서는 사람들이 있다.** 이들이 대부분 성공하는 이유는 마음속에 꿈을 품고 있을 뿐 아니라 중요한 시점에 그러한 이상(理想)을 실제 행동으로 옮기기 때문이다. 다음의 일화를 살펴보자.

영국의 한 작은 마을에 마거릿이라는 꼬마가 살고 있었다. 마거릿은 어릴 때부터 엄격한 가정교육을 받았다. 아버지는 마거릿에게 항상 "무슨 일을 하든지 일류가 되어라. 언제나 다른 사람 앞에 서고 뒤처지지 마라"라고 말했다. 심지어 아버지는 버스를 타도 맨 앞의 좌석에 앉도록 가르쳤다. 그는 딸이 '할 수 없다', '너무 어렵다'는 식으로 말하는 것을 용납하지 않았다.

이처럼 어린 마거릿에게 아버지의 요구는 가혹할 정도였지만, 그의 교육이 옳았음이 마거릿의 삶을 통해 차츰 증명되었다. 어릴 때부터 이런 교육을 받은 덕분에 마거릿은 매우 적극적인 성격이었고, 학교 공부를 할 때나 일상에서 언제나 최선을 다했다.

대학교에 입학한 그녀는 5년짜리 라틴어 커리큘럼을 끈질긴 노력과 불굴의 의지로 1년 만에 수료했다. 게다가 성적도 상위권이었다. 마거릿은 학업 면에서 두각을 나타냈을 뿐 아니라 체육이나 음악, 기타 활동에서도 모두 선두권에서 실력을 뽐내곤 했다.

그로부터 40여 년 후 그녀는 영국을 포함한 전체 유럽 정계에 혜성같이 나타나 영국의 초대 여성 총리가 되었고, 11년간 정권을 잡으며 '철의 여인'이라는 칭호를 얻었다.


영국의 정치가 마거릿 대처의 이야기이다. 언제나 앞줄에 서라는 이러한 가르침은 삶에 대한 일종의 긍정적인 태도로, 앞으로 나아가기 위해 용기를 내고 분발할 동기를 제공한다. 소위 '앞줄에 앉은' 아이가 성공할 가능성은 다른 아이들보다 훨씬 높다. 다만 여기서 말하는 것은 1등이 되기 위해 경쟁하라는 의미가 아니다. 적극적인 태도를 가지고 자기 생각과 의견을 용감하게 표현하라는 뜻이다. 길고 긴 인생길에서 '앞줄에 서고자 하는' 의지를 품은 아이야말로 끊임없이 성장해 자신이 꿈꾸던 이상에 도달할 수 있다.

그렇다면 부모는 구체적으로 어떻게 아이의 적극성과 의지를 독려할 수 있을까? 다음의 이야기를 함께 살펴보자.

샬롯의 엄마는 초등학생인 딸이 학교 반장 선거에 출마하는 것을 열성적으로 지지하기로 했다. 자신이 딸에게 다양한 기회를 직접 다 마련해 줄 수 없다면 아이가 학교에서 스스로 그 기회를 쟁취하길 바랐고, 그것이 딸을 강하게 만드는 데 도움이 된다고 생각해서다.

샬롯의 담임선생님이 갖고 있는 교육 이념 역시 이와 일맥상통했다. 선생님은 시끌벅적하게 임원 선거를 진행하면서 먼저 학생들이 후보를 추천하게 했다.

여덟 살 인생 처음으로 샬롯은 반장 선거에 출마하기로 마음먹었다. 그러나 학급 칠판에는 샬롯이 아닌 다섯 명의 후보자 이름이 적혔고, 샬롯은 아직 자신이 추천받지 못한 상황에 마음이 조급해졌다.

결국 샬롯은 손을 높이 들고 말했다.

"저를 추천합니다!"

선생님은 조금 놀랐지만 곧이어 아이에게 칭찬과 격려를 아끼지 않았다. 그러자 학급 분위기는 훨씬 활발해져 생기가 돌았다. 용기를 얻은 다른 아이들이 저마다 손을 들고 자신을 추천했다.

얼마 후 샬롯은 처음으로 반 전체 학생들 앞에서 연설을 했다. 매우 힘 있고 열정적인 연설이었다. 반장 한 자리를 두고 여러 후보자가 경쟁을 했고, 마침내 샬롯이 당선되었다.

말로 표현할 수 없을 만큼 기뻤던 샬롯은 집으로 달려와 학교에서 있었던 일의 전 과정을 재잘재잘 들려주었다. 샬롯의 엄마는 딸에게 칭찬을 아끼지 않았고, 앞으로도 응원해 줄 것을 약속했다.

위 이야기 속의 어머니에게 배울 점이 많다. 반장 선거와 같은 이벤트는 아이의 인생에서 매우 중요한 순간이고, 자신을 표현할 좋은 기회다. 반장으로 선출되는가 아닌가에 상관없이 그 모든 과정이 아이에게는 좋은 자극이다. 아이의 책임감과 진취성, 자아 통제력과 조직 관리 능력을 키울 수 있는 계기가 된다. 그러므로 부모는 아이가 이런 특별한 활동에 종종 참여할 수 있도록 격려해 주어야 한다. 그 결과가 좋지 않더라도 칭찬해 주자.

이 세상은 필연적으로 경쟁 사회다. 내 아이가 아무리 뛰어나다고 해도 영원한 성공이 보장되지는 않는다. 따라서 어릴 때부터 다양한 활동을 경험하게 해 주면, 건강한 경쟁의식을 갖게 될 뿐 아니라 실패도 맛보고 이를 극복하며 마음을 단련할 수 있다. 이러한 과정을 통해 아이는 언젠가 자기 인생의 중요한 순간에 당당히 맨 앞자리로 나아갈 것이다.

노벨 문학상을 수상한 극작가 조지 버나드 쇼는
이렇게 말했다.
"당신과 내가 사과를 하나씩 가지고 있다면 이를
서로 교환했을 때 여전히 사과 하나씩을 갖게 된다.
그러나 당신에게 어떤 아이디어 하나가 있고 내게도
어떤 아이디어가 하나 있다면, 이를 서로 교환했을
때 우리는 각자 두 개의 아이디어를 가지게 된다."
나눔이라는 가치는 더불어 살아가는 우리 사회에서
일종의 미덕이자 즐거움이다. 따라서 아이는 사랑을
받을 것만이 아니라 베풀 줄도 아는 사람이 되어야 한다.
당신이 주는 사랑을 아이가 다른 사람과 나누게 하자.

**STEP**

**8**

나눔
연습하기

# 01

이기심, 대인 관계를 가로막는 장벽

**앤서니는 말썽꾸러기 여자아이다.** 하루는 몇몇 아이들이 선생님에게 앤서니가 혼자서만 장난감을 가지고 논다며 항의를 했다. 선생님이 자신을 타이르자 화가 난 앤서니는 소리치며 반항했다.

"싫어요! 이거 다 내 거야!"

이기적인 성격의 아이는 대개 사람을 잘 사귀지 못하고 친구와 우정도 쌓기가 어려워 외톨이로 지내는 경우가 많다. 물론 이기심이 심각한 문제나 질병은 아니다. 하지만 만일 당신의 아이가 그 무엇도 다른 사람과 나누기 싫어하고 혼자서만 차지하고 싶어 한다면, 향후에도 타인과 바람직한 관계를 형성하기는 어렵다.

따라서 부모는 아이가 이기심을 내려놓을 수 있도록 어릴 때부터 나눔에 관한 의식을 심어 주는 것이 중요하다. 이에 대해 하버드의 교육 전문가들은 다음과 같은 사항들을 실천해 볼 것을 권한다.

### (1) 아이에게 지나치게 베풀지 말라

아이가 맛있는 음식을 혼자만 먹으려 하고 다른 사람과 나누길 싫어하는가? 그렇다면 이는 부모의 '지나친' 사랑과 밀접한 관련이 있다. 많은 부모들이 자녀를 애지중지하는 탓에 맛있는 음식이나 흥미로운 물건을 모두 아이에게 양보한다. 가끔 아이가 부모와 나누려 하면 감동한 나머지 "아냐, 괜찮아. 전부 네 거야"라고 말하기도 한다. 이것이 반복되면 문제가 된다. 아이가 무언가를 혼자서만 누리려는 의식이 굳어지고 이를 당연하게 여기는 것이다.

### (2) 아이만 특별하게 대우하지 말라

가족 구성원 간에 공평한 분위기를 만들어 주어야 한다. 이것이 아이의 '독점' 현상을 막는 데 매우 중요한 역할을 한다. 부모는 아이가 자신 외의 사람도 생각할 줄 알도록 가르치고, 다른 구성원들 역시 평등한 관계를 누려야 한다는 사실을 일깨워 주어야 한다.

### (3) 나눔은 잃는 것이 아님을 가르쳐라

아이가 다른 사람과 나누길 꺼리는 이유 중 하나는 나눔이 곧 '잃어버리는 것'이라고 여기기 때문이다. 부모는 나눔은 잃는 것이 아니라 서로 돕는 것이라는 개념을 잘 알려 주어야 한다. 나눔은 타인을 향한 나의 관심과 도움을 표현하는 방법이며, 내가 다른 사람과 나누면 그 사람도 똑같이 나에게 나눠 주고 도움을 줄 것이라고 말이다. 이러한 상호 간의 관심과 사랑, 친밀함을 배우게 된 아이는 인간관계 속에서 따뜻함과 즐거움을 느낄 것이다.

### (4) 나눔을 실천할 기회를 마련해 주어라

아이가 친구들과 어울려 무언가를 직접 행동에 옮기는 활동을 자주 해 보게 하자. 혹은 아이가 부모를 도와줄 기회를 마련하는 것도 좋은 방법이다. 예를 들어 집에서 과일이나 케이크를 먹을 때 아이가 이를 접시에 나눠 담게 하고, 공평하고 합리적으로 배분할수록 더 많이 칭찬해 주는 것이다.

### (5) 부모가 모범이 되어라

모든 일에는 부모가 모범을 보여야 한다. 나눔도 마찬가지다. 독거노인이나 이재민에게 선물을 보내거나 기부를 하는 등 타인에게 관심과 도움의 손길을 내미는 모습을 보여 주자.

## 02

배려와 나눔은 학습할 수 있다

이기적인 아이는 천성적으로 그런 것이 아니라, 부모의 교육과 함께 자라는 사이 남을 돕거나 배려하는 마음을 차츰 잃어버린 탓이 크다. 더 늦기 전에 아이가 배려와 나눔의 가치를 깨닫게 해 주자.

프랭크는 자신이 아끼는 펜으로 그림 그리는 것을 굉장히 좋아한다. 그래서 그 펜을 다 쓰고 나면 항상 조심스럽게 원래의 상자 안에 집어넣어 소중히 보관한다. 그런데 그럴 때마다 프랭크는 엄마에게 혼이 나곤 했다. 동생과 펜을 나눠 쓰지 않는다는 이유에서였다.

하지만 사실 프랭크의 동생은 펜을 잡았다 하면 여기저기에 함부로 끄적대기 일쑤였고, 갖고 놀고 난 후에는 아무 곳에나 팽개쳐 두는 탓에 쓰려면 한참을 찾아야 했다. 그러다 보니 엄마가 왜 동생과 함께 물건을 사용하지 않느냐며 다그칠 때마다 프랭크는 대성통곡을 하거나 방으로 들어가 버렸다.

프랭크의 엄마는 아들이 그러는 이유를 도무지 알 수가 없었다. 그리고 여전히 아이에게 나눔이라는 개념을 꼭 가르쳐야 한다고 생각했다. 자칫하면 프랭크가 매우 이기적인 성격으로 자랄 것 같았기 때문이다.


프랭크의 엄마는 아이의 감정을 전혀 이해하지 못했고, 그래서 자신이 자녀에게 얼마나 무례하게 대하는지도 알지 못했다. 그러나 부모는 아이에게 다른 해결책을 제시할 수 있어야 한다. 앞의 사례의 경우, 프랭크에게 자신의 전용 펜은 안전한 곳에 보관하게 하고 동생과는 다른 펜을 공유하게 하는 방법이 있을 수 있다. 이는 그리 어려운 일이 아니다.

아이에게 나눔을 가르쳐야 한다는 생각은 있었지만, 프랭크의 엄마는 그것을 이행하는 기술이 부족했다. 오히려 아이가 자기 물건을 더욱더 독차지하게 만든 셈이다. 그렇다면 이러한 문제는 어떻게 해결해야 할까?

## (1) 나눔의 이유를 설명해 주어라

어린이집이나 학교에 다니는 아이라면 나눔은 필수다. 교구나 장난감, 기타 물품을 혼자서만 사용할 수 없기 때문이다. 특히 아이들 모두가 갖고 싶어 하는 물건은 다 함께 사용하는 것이 바람직하다. 게다가 이런 물건은 대개 고가이기 때문에 하나 더 구비하기도 쉽지 않다. 아이가 친구들과 놀면서 나눔을 즐기는가 그렇지 않은가는 서로의 우정을 쌓는 데에도 결정적인 역할을 한다.

## (2) 때로는 나눔을 오히려 금지하라

아이가 유독 다른 사람과 공유하기 싫어하는 물건이 있는가? 그렇다면 따로 상자를 하나 마련해 주고 해당 물건을 그 안에 넣게 하자. 그런 다음 "주인의 허락 없이 만지면 안 돼요"와 같이 명확한 규칙을 정해서 상자에 써 붙인다. 이를 통해 아이는 자기 것이 소중한 만큼 남의 것도 소중하다는 사실을 깨닫고, 이렇게 상대방에 대한 존중과 배려를 배우면 점차 나눔을 베푸는 모습을 보일 것이다.

## (3) 나눔을 강요하지 말라

모든 것을 다른 사람과 나눌 필요는 없다. 만일 아이의 친구가 집에 놀러 오기로 했다면, 장난감과 관련해 아이와 미리 상의하는 것이 좋다. 어떤 장난감을 친구와 갖고 놀 것인지 물어본 다음, 아이가 특별히 아끼는 장난감이나 친구와 공유하고 싶지 않다고 하는 장난감은 치워 두면 된다.

## (4) 빌려 쓰고 돌려주는 규칙을 정하라

때로는 아이가 아끼는 물건을 '담보'로 잡아 놓는 것도 유용한 방법이다. 아이가 부모 등 다른 사람의 물건을 빌려 쓰고 이를 돌려줄 때까지 아이의 물건을 맡아 두는 것이다. 이를 통해 자기 것이 아닌 물건은 약속한 대로 되돌려 주어야 한다는 인식이 생긴다.

## (5) 가족 간에 나눔을 실천하고 의견을 교환하라

텔레비전이나 게임기처럼 집에서 가족들 사이에 인기 있는 물건에 대해, 가족 구성원들이 차례대로 사용하는 시간표를 만들어 보자. 만일 아이가 이를 지키지 않으면 그 물건을 치워 버리고 모두가 동의할 방법을 도출한 후 다시 꺼낸다.

## (6) 나눔의 경험과 그 소감을 공유하라

정기적으로 가족회의 등을 하면서 나눔에 관한 이야기를 주고받자. 다른 사람과 무언가를 나눈 일을 각자 말하고 그때 기분이 어땠는지, 상대는 어떤 기분을 느꼈을지 이야기해 보는 것이다. 이 과정을 통해 아이는 더불어 사는 삶의 지혜를 배우며, 타인과 나누는 것이 물질에만 국한되지 않는다는 사실도 깨닫게 될 것이다.

# 03

내가 아닌 '남'을 바라보는 훈련

한 교육 전문가의 말에 따르면, 지나친 자식 사랑은 부모와 자녀의 관계에서 볼 수 있는 가장 '비참한' 일이다. 이런 사랑 속에서 자란 아이는 결코 다른 사람을 위해 희생할 줄 모르며 이기적인 사람이 되기 쉽다. 아무리 똑똑하고 능력이 출중해도 사람들에게 환영받기 어렵고 널리 활약할 수도 없다.

대개 아이가 3~6세일 때가 심리 건강은 물론 기본적인 인격 및 성품 형성에 관건이 되는 시기라고 말한다. 특히 이 무렵에 아이를 올바르게 교육하는가의 여부가 이후의 성격에 지대한 영향을 미치는 것이다. 어떻게 하면 아이의 자기중심적인 면을 바로잡고 원만한 성격을 형성하도록 이끌 수 있을까?

## (1) 도덕성을 길러 주어라

아이에게 물질적·정신적 행복 및 즐거움을 다른 사람과 함께 누려야 하는 이유를 충분히 설명해 준다. 또 사회 활동에 참여할 기회를 마련하여, 아이가 자기 외에도 다른 많은 사람들로 구성된 사회라는 개념이 존재한다는 사실을 깨닫게 하자. 그 속에서 아이는 친구들과 함께 어울려 우정을 다지고 서로 돕는 법을 배울 것이다.

## (2) 부모가 본보기가 되어라

"아이 보는 데서는 찬물도 못 마신다"라는 말이 있듯, 아이들은 모방의 귀재다. 아이를 지적하기 전에 부모부터가 상대방에 대해 자기중심적이거나 계산적인 모습을 보이지 말아야 한다. 자신은 심각한 개인주의자이면서 아이에게 남에게 관심을 가지라고 요구하는 것은 모순이다.

## (3) 단체 생활을 통해 사회를 경험하게 하라

어린이집이나 학교에서 친구들과 함께 생활하게 되면, 아이는 사람들과 화목하게 지내기 위해서는 무엇을 어떻게 해야 하는지 배우고 공동체 의식도 기를 수 있다. 또 부모가 아닌 다른 사람, 즉 선생님의 지도하에 자기중심적인 행동이 더 심해지는 것을 방지할 수 있다. 이를 위해서는 아이가 어릴 경우 일찌감치 유치원에 보내는 것도 한 방법이다.

## (4) 타인에 대한 이해심과 책임감을 갖게 하라

나 자신이 소중하듯 다른 사람도 똑같이 소중한 존재임을 아이에게 알려 주자. 이렇게 타인을 존중하는 마음을 일깨움으로써 아이가 친구를 사랑하고, 어른을 공경하며, 남에게 예의 바르게 행동하고, 상대를 기만하거나 무시하는 행동은 하지 않게 하자. 무언가를 잘못했을 경우 이를 깨끗이 인정하고 사과하며 그에 대한 책임을 지도록 일러 주어야 한다.

## (5) 주변 사람에게 관심을 갖게 하라

친구나 이웃을 위해 선한 일을 하고, 다른 사람의 불행을 가엾게 여기며, 타인의 즐거움을 함께 나눌 줄 알아야 한다. 이를 위해 부모가 집에서 의식적으로 직장 동료나 친구에 대한 이야기를 자주 하는 것이 좋다. 최근에 동료가 겪은 즐거운 일 또는 슬픈 일을 말하면서 다른 사람에게 관심을 갖는 모습을 보여 주는 것이다. 그러면 아이도 자연스럽게 영향을 받는다. 이후 아이 역시 비슷한 일을 접하면, 부모가 했던 그대로 타인에게 관심을 쏟고 도움을 줘야겠다는 일종의 의무감을 느낄 것이다.

　이기심을 부추기는 근본 원인은 바로 욕망이다. 그런데 사람의 욕망은 끝이 없고, 결국 이기심 또한 계속 자라날 수밖에 없다.

　따라서 부모는 아이에게 욕망을 채우는 동시에 인간으로서의 도리를 행하는 것도 똑같이 중요하다는 사실을 가르쳐야 한다. 맛있는 음식 있으면 다른 사람과 함께 나눠 먹고, 집안일의 경우 부모를 도울 수 있는 일이 무엇일지 먼저 생각할 줄 알아야 한다고 말이다. 이러한 가르침으로 아이는 점차 자기중심성을 버리고 상대를 존중하며 배려하는 사람으로 거듭날 것이다.

# 04

아이가 스스로 나누게 하라

아이가 다른 사람들에게 베풀고 나눌 줄 알아야 한다는 사실은 부모
들도 잘 안다. 그래서 다양한 방법을 동원해 아이가 나눔에 관해 깨
우치도록 나름대로 교육하곤 한다. 그런데 무엇이 잘못되었는지 교
육 효과가 전혀 없는 경우도 있거니와, 이상하게도 집에서는 식구들
에게 음식이나 물건을 잘 나눠 주는 아이가 유치원이나 학교에만 가
면 정반대의 모습을 보이기도 한다.

사실 장난감 등 자신이 좋아하는 물건을 다른 사람에게 나눠 주

고 싶어 하는 아이는 그리 많지 않다. 오히려 독점하려는 현상이 보편적이다. 그런데 이 독점욕은 매우 강렬해서, 그대로 두면 나중에는 상황이나 사람까지도 지배하려는 심리로 발전할 수 있다. 따라서 아이가 어릴 때부터 다른 사람과 나눌 줄 아는 마음을 갖도록 가르치는 편이 현명하다.

아이가 먼저 나서서 다른 사람과 나눔의 실천하게 하려면, 적지 않은 시간과 부모의 인내가 필요하다. 이 과정에서 부모는 아이에게 나눔을 경험할 기회를 많이 마련해 주어 아이가 그 속에서 나눔이 주는 즐거움을 누리도록 도와주어야 한다. 또 적절한 칭찬을 통해 아이의 나눔을 더욱 독려해야 한다. 구체적으로는 다음의 사항을 유념하자.

## (1) 강압적인 방법을 사용하지 말라

아이에게 자기 물건을 남과 함께 쓰도록 가르칠 때는 그러한 행동에 대해 칭찬의 말이나 미소, 엄지를 치켜드는 제스처, 뽀뽀 등으로 보상을 해 주면 된다. 문제는 아이가 무언가를 나누고 싶어 하지 않는 경우다. 이때 당신은 어떻게 대응하는가?

일반적으로 많은 부모들이 "네가 형이잖아"처럼 단순한 이유를 들거나 "이러면 다음부터 안 사 준다"와 같이 협박을 하는 등 주로 강압적인 방법을 사용한다. 또는 아이 때문에 자신이 체면을 잃었다는 생각에 화를 내면서 심한 말로 비난하거나, 아이를 "속 좁은

녀석!"이라고 꾸짖기도 한다.

하지만 이런 방법은 아이 마음에 분노만 일으킬 뿐이다. 설령 나눔의 행동을 한다 해도 자신이 원해서가 아니라 억지로 하게 된다. 또 형이나 누나라는 이유로 동생에게 양보하게 하면, 아이는 심지어 자라고 싶어 하지 않거나 어른들 앞에서 말도 안 되는 어리광을 부리기도 한다.

## ⑵ 나눔은 주고받는 행위임을 깨닫게 하라

부모는 급하게 마음먹지 말고 아이가 긍정적인 체험 위에서 나눔을 실천하도록 도와주어야 한다. 또 나눔은 상호적이며 나와 상대방 사이에 차례로 오가는 것임을 알려 주자. 가령 "네가 친구에게 양보하면 그 친구가 다시 너에게 양보할 거야", "모든 친구들이 각각 장난감을 하나씩 가지고 있지? 그런데 이걸 나눠 쓰면 장난감이 여러 개가 되는 거란다"와 같이 말해 줌으로써 나눔의 의미를 제대로 알게 하는 것이다.

그리고 부모는 동정심 등 아이의 이타적인 '동기'에 주목하기보다는 처음에는 이타적인 '행동' 그 자체에 집중하는 것이 좋다. 아이가 진심 어린 방법으로 선한 행동을 할 수 있도록 도와주고, 이런 행동을 하면 칭찬과 박수를 아낌없이 보내자. 이처럼 나눔의 경험이 쌓이고 아이가 거기서 즐거움을 얻는 횟수가 많아지면, 나중에는 이타적인 '동기'에 의해서도 나눔을 하는 사람이 될 수 있다.

## ⑶ 의식을 강화해 주어라

아이를 치켜세워 주는 말을 많이 하는 것이 좋다. "넌 정말 착한 아이야", "벌써 철이 들었네", "다른 사람을 참 잘 돕는구나" 등 아이의 이타심을 칭찬하는 말을 많이 해 주면 아이는 이러한 특징을 자신의 자의식 속에 관철시킨다. 연구에 따르면, 자의식에서 이타성이 강한 사람은 타인을 돕는 데 서툴거나 너그럽지 못한 사람보다 훨씬 더 친사회적 경향을 보인다.

언어 외에도 영상 프로그램, 동화를 통해 아이에게 나눔에 관한 방향을 제시해 줄 수 있다. 손님을 접대하는 상황 등 역할 놀이를 활용하는 것도 아이가 예의범절과 나눔의 기술을 익히도록 돕는 방법이다. 물론 가장 커다란 교육 효과를 가져오는 것은 부모의 솔선수범이다.

# 05

나누는 기쁨, 가까운 곳에 있다

나눔을 배운 아이는 슬퍼하는 사람과 재미있는 무엇 혹은 맛있는 음식을 공유하며 다정한 말로 그를 위로하고, 어려움에 놓인 이에게 도움을 주는 사람으로 자란다. 이런 미래는 너무도 풍요롭고 아름답다. 어떻게 하면 내 아이에게 나눔의 습관을 길러 줄 수 있을까?

## (1) 아이의 심리를 이해하고 지도하라

많은 아이들이 자기 물건을 다른 사람과 나누는 것을 꺼리면서도 남의 물건은 가지고 싶어 한다. 부모는 먼저 아이의 이러한 심리적 특징을 충분히 이해하고 공감해 주어야 한다. 그런 다음 아이가 남의 입장에서 바라보고 생각하게 해 주어 자기 물건도 기꺼이 나눌 수 있도록 유도하자.

## (2) 아이의 것을 함께 나누는 부모가 되어라

많은 부모들이 내 아이는 좋은 것만 먹고 재미있게 뛰놀며 좋은 물건을 갖길 바라며, 실제로 늘 최상의 환경을 만들어 주려고 애쓴다. 자녀를 아끼는 부모의 마음은 얼마든지 이해가 된다. 그러나 이런 교육은 아이를 나눔을 모르는 사람으로 자라게 하기도 한다.

음식을 먹던 아이가 당신에게 한입 먹으라고 권할 때, 당신은 어떻게 응하는가? 많은 부모들이 "괜찮아, 너 먹으렴"이라고 말한다. 내 아이가 조금이라도 더 먹길 바라기 때문이다. 하지만 객관적으로 볼 때 이것은 나누고자 하는 아이의 선한 마음을 부모가 거부한 셈이 된다. 그리고 계속 이런 식으로 호응하면 아이는 자신도 모르게 더 이상 양보하지 않고 나누지도 않는 사람이 되고 만다. 따라서 부모는 아이가 나눔을 실천하는 '대상'이 되어 주어야 한다.

## (3) 교환의 즐거움을 깨닫게 해 주어라

공공장소나 유치원에서 친구들과 놀 때 모든 물건을 독차지하려는 아이들이 적지 않다. 이런 욕심과 행동은 지켜보는 부모뿐 아니라 아이의 마음도 지치게 한다. 하지만 그렇다고 해서 아이를 일방적으로 혼내기만 할 수도 없는 노릇이다. 이런 상황에 대한 대처법으로, 다음 일화에서 아이의 어머니가 택한 방법을 참고하자.

"아들이 외동이다 보니 다른 사람과 나누며 자라기를 바라는 마음이 특히 더 크죠. 그래서 저는 아이에게 장난감이나 그림책을 사 줄 때마다 학교에 가져가서 친구들의 장난감이나 책과 서로 바꿔 보라고 권합니다.

아들은 이런 행위가 가져오는 결과를 아주 잘 이해하고 있지요. 이제는 예전처럼 뭘 많이 사 줄 필요가 없어요. 우선 아이는 자기 물건을 친구들에게 빌려줘요. 그렇게 해서 다른 아이들의 신뢰를 얻고, 자신이 필요한 물건을 친구에게 빌려오죠. 단지 제가 아이에게 계속 강조하는 건 다른 사람의 물건을 함부로 여기지 말고 자기 물건 다루듯 소중히 해야 한다는 것뿐이에요."

## (4) 아이의 애착 물건을 존중해 주어라

누구든 다른 사람과 공유하기 아까운 소중한 물건이 있게 마련이다. 아이들 역시 마찬가지다. 아이가 유독 좋아하는 물건일 수도 있고, 자신이 중요하게 여기는 사람이 준 선물일 수도 있다. 어쨌든 그것은 아이에게 매우 특별한 의미를 갖는다.

아이에게 모든 것을 다 친구들과 공유하라고 강요한다면, 이는 비합리적일 뿐 아니라 아이의 반항심만 자극한다. 따라서 부모는 아이가 다른 사람과 물건을 나눠 사용하도록 격려하되, 무엇이든 다 내줄 필요는 없다는 점을 인지해야 한다. 아이가 자기만의 '애착 물건'을 갖는 것을 허용하고 그 물건을 소중히 다루게 하면 된다.

아이의 친구들이 집에 놀러 올 경우, 부모는 아이가 중요하게 여기는 물건을 잠깐 숨겨 두어 친구들이 만지지 못하게 하는 것이 좋다. 물론 대부분의 장난감은 기꺼이 내주어 함께 가지고 놀도록 해줘야 한다. 애착 물건을 잘 보관해 두면 아이는 다른 물건들을 마음 놓고 친구들에게 내어 줄 것이다.

철학자 허셸은 올바른 눈으로 세상을 마주하면 자신이 다른 사람들에게 얼마나 많은 은혜를 입었는지 깨닫게 된다고 말했다. 감사할 줄 아는 마음, 그리고 고마움에 보답하는 태도를 아이에게 가르쳐 주자. 선한 마음으로 타인을 대하고 존중한다면 앞으로 다가올 삶을 따뜻하고 행복하게 누릴 수 있다.

# 06

나눔은 성공의 기폭제

**어릴 때는 '나', '너', '우리'의 개념을 잘 구별하지 못한다.** 아이가 다른 사람을 도움을 받고 또 남을 도와주기 시작하는 때부터 비로소 나와 너, 그리고 우리에 대한 의식이 생긴다. 이때 아이는 자신을 제외한 다른 사람에게 관심을 가지고 사랑하는 법을 알게 되며 이로써 도덕의식이 함께 성장한다.

만일 이 시기에 부모가 적절한 지도를 하지 않아 아이의 마음속에 타인을 향한 관심과 사랑, 남에게 선한 도움을 베푸는 일에 관한

씨앗을 심어 주지 못한다면 아이의 심리적으로 건강하게 자랄 수 없다. 활달하고 관용적이며 선량한 성격이 형성될 수 없는 것이다.

아이가 타인을 돕는 것에 대해 학습하는 과정은 매우 점진적이다. 따라서 부모는 너무 조급해하지 말고 다음과 같은 방식으로 도움을 주면 된다.

## (1) 주변 사람을 돕게 하라

우선은 아이에게 가장 가까운 사람, 즉 부모나 조부모 등을 돕도록 가르친다. 예를 들어 부모가 퇴근 후 집에 돌아오면 먼저 인사를 하고 마실 것을 따라 주게 하거나, 어른이 쉬는 중이면 휴식에 방해가 되지 않도록 말소리를 낮추게 하는 것이다.

이후 아이가 조금 더 자라면 가족 외의 주변 사람들을 도와주도록 지도한다. 이웃집 할머니가 편지를 부치려 하면 아이에게 대신 우체국에 다녀오게 한다든지, 버스 안에서 노인이나 어린아이에게 자리를 양보하게 하자. 또 친구가 아프면 먼저 병문안을 가고, 어려움이 생기면 나서서 도움을 주도록 가르칠 수 있다.

이렇게 다른 사람을 돕는 과정에서 아이는 감수성이 풍부해지고, 자신의 가치와 필요성을 인식하게 되어 큰 성취감을 얻는다. 이처럼 스스로 성장하고 있다는 느낌을 받으면 아이는 보다 활발하고 건강한 성격으로 자라게 된다.

## (2) 양질의 도서를 권해 주어라

부모는 아이가 좋은 책을 읽을 수 있도록 뒷받침해 주어야 한다. 그중에서도 타인을 돕는 내용이 담긴 책을 선별하여 아이에게 권하자. 대개 아이들은 책에 나오는 주인공을 흉내 내려고 하기 때문이다. 반대로 책 속의 주인공이 이기적인 모습이라면 아이가 이를 가급적 읽지 않게 해야 한다. 그래도 아이가 읽고 싶어 할 경우 이기심이 왜 나쁜 것이며 올바른 마음가짐은 무엇인지 반드시 가르쳐 주자.

## (3) 부모가 본보기가 되어라

당신의 아이는 다른 사람을 곧잘 돕는가? 만일 자녀가 남을 도와주기를 싫어한다면 이는 다름 아닌 부모의 영향을 받았을 가능성이 크다. 우선 부모가 직접 자원봉사 등에 종종 참여하고, 아이와 함께 하기에도 적합한 활동일 경우 아이를 데려가서 함께하자. 이러한 경험을 통해 아이는 다른 사람을 돕는 즐거움을 맛보고 만족감도 얻을 수 있다.

## (4) 아이가 다른 사람을 도와주면 충분히 칭찬하라

아이가 봉사 활동에 다녀오거나 남을 도와준 일이 있으면, 먼저 소감을 물어보고 그로부터 무엇을 배웠는지를 함께 이야기하자. 그리고 아이가 느낀 감정과 행동에 큰 박수를 보내고 긍정해 주어야한다. 칭찬에 인색해서는 안 된다. 설령 아이가 남을 도운 일이 아주 사소한 행동이었다고 해도 긍정의 눈으로 바라봐 주어야 한다.

## (5) 아이의 선한 행동을 기록해 정기적으로 보여 주어라

아이가 다른 사람을 도왔다면 이후 그 내용을 기록하게 하자. 그리고 여기에 부모의 생각과 격려, 칭찬 등을 덧붙인 뒤 일정 시일이 지나 아이에게 보여 주자. 그러면 아이는 과거에 있었던 일을 떠올리면서 자신을 돌아보고, 다시 한 번 성취감과 자부심을 느낄 것이다.

아이가 봉사 활동에 참여한 사진을 기념으로 남기는 것도 좋은 방법이다. 앨범을 따로 하나 만들어 그런 사진들을 모아 두자. 사진이 하나둘 쌓이면 자연스럽게 이것은 아이의 성장 앨범이 되고, 아이의 선한 행동을 두고두고 기리며 축하해 줄 수 있다.

부모가 아이의 평생에 함께할 수는 없다. 당장은
아이의 뒤를 졸졸 따라다니며 시시각각 도와주고
보호해 줄 수 있을지 몰라도, 언젠가 이것이
불가능해지는 때는 찾아오게 되어 있다.
이처럼 장기적인 관점에서 바라볼 때 부모가 아이의 미래를
위해 할 수 있는 일은 무엇이 있을까? 가장 중요한 것 중
하나는 바로 아이에게 튼튼한 자신감을 심어 주는 것이다.
이는 아이의 성장과 발전에 토대가 되는 핵심적인 요건이다.
자신감 없는 사람이 성공하는 경우는 없다.
내 아이에게 자신감이 충만하다면, 훗날 아이의
인생에는 탐스러운 열매가 가득 맺힐 것이다.

STEP
9

자신감
충전하기

# 01

사랑받는 아이는 자신감이 넘친다

<u>어린 시절 문제아라고 손가락질을 당했던 에디슨은 이후 인류 역사상 가장 위대한 발명가가 되었다.</u> 이것이 가능했던 이유는 그를 향한 어머니의 무조건적인 사랑이 있었기 때문이었다. 에디슨의 어머니가 그를 끔찍하게 사랑했다는 것은 그녀가 했던 다음의 말들을 통해 알 수 있다.

"에디슨은 호기심이 정말로 강한 아이예요. 그래서 이상한 질문

을 많이 하죠. 하지만 아이의 질문들이 바보 같다거나 우습다고 생각한 적은 한 번도 없어요."

"저는 에디슨에게 공부를 강요하지 않아요. 그냥 아이와 함께 생각하는 것을 즐기고 마음껏 누린답니다. 교과서를 달달 외워 봤자 커서는 아무런 소용이 없을 거예요. 우리 주변을 보세요. 살아 있는 교과서가 차고 넘치잖아요?"

"단 한 번도 '에디슨이 말 잘 듣는 아이였다면……' 하고 상상해 본 적이 없어요. 있는 그대로의 아이를 사랑하니까요."

"에디슨을 다른 아이와 비교한 적도 없어요. 모든 아이들은 다 다르잖아요. 그리고 아들의 단점을 꾸짖기보다는 장점을 더 계발할 수 있도록 도와주곤 해요."

"아이가 잘못을 저지르면 저는 엄하게 혼을 내요. 대신 그 이유를 설명해 주고 짧은 시간에 끝내죠. 혼낸 뒤에는 최대한 둘만의 시간을 갖고 대화를 나누려 하고요."


부모의 사랑은 아이의 건강한 성장을 위한 기본적이면서도 필수적인 요소다. 아이는 부모의 사랑을 받으면서 안정감을 느끼고 도덕적인 성품을 형성해 간다.

부모가 자녀를 사랑하는 것은 너무나 당연한 일이다. 하지만 오늘날 우리 사회에서 조건 없는 사랑이 점점 드물어졌듯, 부모의 사랑에도 여러 부가 조건이 붙곤 한다. 가장 대표적인 예로 많은 부모들이 아이를 지적할 때 이렇게 말한다.

"이제껏 고생하며 키웠는데 어떻게 이럴 수가 있니?"

평소 이런 생각을 가지고 있는 부모들은 자녀의 삶에 지나치게 간섭하며 완전히 자기만의 방식으로 아이를 '만들어' 내려 한다. 하지만 이는 절대로 불가능한 일이다. 그러다 보니 부모는 아이에게 실망하고, 아이는 부모에게 억압받는다고 느낄 수밖에 없다.

'조건'이 붙은 사랑은 일종의 이기적인 사랑이다. 이런 사랑은 눈앞의 어려움이나 문제를 의연히 견뎌 내지 못하며, 예상치 못한 사건이 발생하면 쉽게 변질되거나 증발한다.

세상에 자녀를 사랑하지 않는 부모는 없다. 아이는 부모가 가진 사랑의 결정체이자 생명의 연장선으로, 부모의 미래와 희망을 대변한다. 아이는 부모와 말 그대로 '혈육'으로 이어진 존재가 아니던가? 아이가 배 속에 있을 때부터 부모는 그 인생을 설계하면서, 내 아이는 우수하고 또 행복하기를 바란다. 힘들게 일하며 열심히 돈을 버는 까닭도 아이에게 보다 나은 미래, 편안한 삶을 선물해 주고 싶어서다.

이처럼 자녀를 깊이 사랑하지만 부모는 아이가 점점 자라면서 본인 뜻대로 되지만은 않는다는 사실을 깨닫는다. 아이가 부모의 말을 듣지 않거나 철없는 행동을 하며, 심지어 부모를 피하고 학업을 게을리 하거나 집을 나가 버리기도 한다. 이 때문에 걱정과 실망, 절망과 분노와 같은 여러 감정이 부모의 마음을 어지럽힌다.

'왜 내 바람대로 자라 주지 않는 걸까? 사랑이 부족한 것도 아닌

데, 대체 뭐가 문제일까?'

이럴 때 부모가 가장 먼저 해야 할 일은 자녀에 대한 인식을 바꾸는 것이다. 물론 아이들은 아직 연약하고 사리 분별에 서툴기에 부모의 도움과 보살핌이 필요하다. 하지만 자녀는 부모와 똑같은 존재가 아닌 독립적 의지를 가진 개체다. 그러므로 아무리 자식이라 해도 부모와 다른 모습을 보일 수 있으며, 부모가 '설계'한 것과 다르게 성장할 수 있음을 인정하자. 아이는 자기만의 감정과 정서를 지니고, 자기만의 인생관과 가치관을 기반으로 하여, 자기만의 인생을 개척해 나간다.

사실 아이는 부모의 인생에 등장한 가장 친근하고 가까운 '나그네' 혹은 '이방인'이다. 결국 부모가 할 수 있는 일은 아이가 성장하면서 저지르는 여러 실수와 잘못을 인정하고, 조건 없는 사랑으로 아이를 보듬어 주는 것이다. 또 아이가 건강한 사회인으로 성장하게 돕는 의무를 묵묵히 감당하는 것이다.

올바른 사랑이야말로 자녀 교육의 주춧돌이다. 사랑으로 아이에게 관심을 기울이면 아이의 빛나는 점을 발견할 수 있으며, 아이의 자존심을 지켜 주고 자신감을 심어 줄 수 있다. 아이의 잠재력을 최대한 끌어낼 수 있도록 부모로서 최선을 다하자.

# 02

세상 모든 아이는 유일무이한 존재

데니스가 하버드대학교에 합격했다는 소식에 온 가족이 방방 뛰며 기뻐했다. 과거 데니스의 어머니에게 담임선생님은 "이 성적으로는 대학에 진학하기 어렵습니다"라고 할 정도였기 때문이다. 하지만 그녀는 그 말을 듣고 집에 돌아온 뒤에도 아이를 나무라지 않았다.

"데니스, 너는 성실하고 참 착한 데다 사람들도 잘 사귀는 아이더구나. 이 세상에 너란 사람은 하나뿐이란다. 학교 성적만 조금 더 올린다면 정말 최고의 아이가 되겠는걸?"

어머니의 위로는 선생님의 차가운 평가로 얼어붙었던 데니스의 마음을 녹였고, 아이의 얼굴에는 기쁨의 미소가 번졌다.

그 후로 데니스의 부모는 아이의 학업 상황을 자세히 분석했고, 체계적인 복습 계획을 세워 아이 스스로 공부할 수 있도록 도와주었다. 특히 약한 과목을 중점적으로 복습할 수 있도록 했다. 회사에 다니느라 많이 피곤했지만 부모는 쉬는 걸 마다했고, 아이를 유명한 선생님에게 데려가 개별 학습을 받게 해 주기도 했다. 남들이 데니스를 뭐라고 평가하든 상관없이 그들은 아이를 굳게 믿었다.

이윽고 데니스는 자신감을 회복하기 시작했고, 자신을 돌아보며 새롭게 도전하기 시작했다. 열등감과 자기 비하, 그리고 세상을 향한 불만은 점점 자신감과 활력으로 대체되었다.

데니스는 이렇게 말한다.

"부모님의 이해와 응원 덕분에 안정감을 얻고 자신감도 회복했어요. 그래서 열심히 공부할 수 있었죠."

그녀는 실로 행운아다. 자신을 이해해 주고 믿어 주며 긍정적인 마음으로 삶을 대하는, '세상에 하나뿐인' 부모님이 있기 때문이다.

세상에 완전히 똑같이 생긴 나뭇잎은 하나도 없듯, 완전히 똑같은 아이란 없다. 모든 아이들에게 자신이 '세상에 둘도 없는 아주 특별한 존재'라는 점을 알려 주고, 다른 아이와는 서로 다른 점을 가졌다는 사실을 일깨워 주어야 한다. 물론 어떤 부분에서는 비슷한 모습을 보일 수도 있지만, 그래도 이 세상에 나를 대신할 사람은 없으며 아이의 생각과 행동은 자기만이 가진 개성적 특징이라는 점을 말해 주어야 한다.

아이의 천부적인 자질이 다르고 학업 성적이 다르며 습득하는 속도가 다르더라도, 이를 좋고 나쁨 혹은 옳고 그름으로 평가할 수는 없다. 사람은 하나의 조건이나 방면에서만 평가를 내릴 수 있는 존재가 아니다. 따라서 부모는 내 아이가 외모나 성적 등 특정 방면에서 남의 아이보다 못하다고 여겨선 안 된다. 그 대신 아이의 장점을 잘 계발해 주고 남들과 다른 점이 무엇인지 찾아내야 하며, 내 아이의 우수함을 믿어 주고 칭찬과 격려를 아끼지 않아야 한다. 이로써 아이가 자신의 장점을 더욱 갈고닦으며 마음껏 발휘하게 해 주자.

또한 부모는 이러한 '다름'을 아이에게도 알려 줄 필요가 있다. 즉, 모든 사람이 다 다르며 그들이 품는 꿈과 희망도 똑같지 않다는 사실을 아이에게 가르쳐 주어야 한다. 또 사람마다 한 사건을 바라보는 시각이 다르며, 설령 똑같은 어려움을 마주한다고 해도 거기서 느끼는 감정은 전부 다르다는 사실을 일러 주자.

아이 인생의 주인은 다름 아닌 그 자신이다. 성공을 누리는 것은 아이 본인이며 실패 역시 자신이 감당해야 하는 것으로, 운명은 스스로 개척해 나가야 함을 일깨워 주자. 왜냐하면 '나'는 다른 누군가가 결코 대신할 수 없는, 이 세상의 유일무이한 존재이기 때문이다.

# 03

## 부모는 혼내는 방법도 현명해야 한다

**영국의 교육자 및 사상가 로크는 이렇게 말한 바 있다.**

"부모는 사람들 앞에서 자녀의 실수를 말하지 않아야 한다. 아이들은 자신이 명예를 가진 사람이라고 여기며 그러한 명예를 매우 중시한다. 그래서 자신을 향한 남들의 평가에 매우 민감하게 반응한다. 만일 부모가 많은 사람 앞에서 아이의 실수나 잘못을 떠들어 댄다면 아이는 실망감을 느끼고 좌절한다. 아이들은 자기 명예에 큰 타격을 입었다고 생각하며, 더는 다른 사람의 호평을 듣기 위해 노력하지 않는다."

모든 아이가 실수와 잘못을 저지른다. 이런 상황에서 아이를 꾸짖고 혼내는 것 역시 모든 부모가 거쳐야 할 필수 과정이다. 그런데 아이에게 유난히 엄격한 기준을 들이대며 불같이 화를 내거나 호되게 나무라는 부모들이 있다. 대개 그들은 때와 장소를 가리지 않고 아이에게 호통을 치며, 심지어 남들이 보는 앞에서 아이를 때리기도 한다. 어떤 부모들은 아이가 사소한 잘못 하나만 해도 과거의 잘못들을 전부 열거하면서 아이를 궁지로 몰아간다. 그들은 이렇게 강한 인식을 아이에게 심어 주면 교육적으로 좋은 영향이 있을 것으로 착각한다. 그럴수록 아이는 반감이 커지고 자존심에도 상처만 남는다.

아무리 내 아이라고 해도 자녀를 함부로 대해서는 안 된다. 아이 역시 자존심이 있는 존재이며, 부모의 존중과 이해를 필요로 한다. 그렇다면 아이가 실수나 잘못을 했을 때 부모는 어떻게 대처하는 것이 좋을까? 하버드 교육 전문가들의 조언을 들어 보자.

### (1) 혼내는 장소를 잘 선택하라

사람들이 많은 곳에서 아이를 혼내지 않도록 하자. 부모는 눈빛이나 손짓 등으로 아이에게 주의를 줄 수도 있고, 냉정한 모습을 보여 아이 스스로 잘못을 고치게 할 수 있으며, 나중에 조용한 곳에서 따로 이야기하며 교정해 줄 수도 있다. 직접적으로 꾸짖을 때는 사람들이 없는 곳으로 데려가 행동의 원인을 잘 파악하고 적절히 교육하자.

## (2) 질책과 교육을 적절히 안배하라

아이를 혼내는 것이 곧 부모 자신의 불만을 발산하는 일이 되어서는 안 되며, 훈계 과정에서 아이에게 상처를 주어서도 안 된다. 아이를 꾸짖는 목적은 아이가 자신의 잘못을 정확하게 인식하고 여러 나쁜 습관이나 생각을 고치게 만드는 것이다. 이를 기억해야만 훈계도 효과가 있다.

마치 자기 아이는 체면 같은 건 없다는 듯 아이를 민망할 정도로 심하게 다그치는 부모도 있다. 하지만 이런 식으로 나무라면 아이는 부모의 말이 끝난 후 정작 뭘 어떻게 해야 할지 모르고, 자신이 대체 무엇을 잘못했는지도 알지 못한다.

결국 여기서 가장 중요한 것은 아이를 '교육' 하는 일임을 기억하자. 부모는 아이에게 못된 성품이나 행동, 나쁜 습관이나 게으른 태도 등이 왜 바람직하지 않은지 명확하게 알려 주어야 한다. 이로써 아이는 그런 단점이나 나쁜 행동을 고쳐야겠다고 스스로 깨달으며, 부모의 꾸지람이 자신의 성장을 위한 것이라는 사실을 알게 된다.

## (3) 합리적으로 질책하라

질책과 훈계는 늘 합리적으로 해야 한다. 그래야 아이는 그것을 온전히 받아들여 좋지 않은 행동이나 습관을 억제하고 고치려 한다.

따라서 아이가 무언가를 잘못했을 때 부모는 먼저 사실을 정확히 분석해야 한다. 모호하게 이해해서는 안 되며 확대해석을 해서도 안 된다. 한두 번의 실수만으로 이전에 아이가 기울인 모든 노력을 부정하는 것도 금물이다. 혼낼 때는 단순히 그 잘못에 관한 이야기만 하면서 무엇을 잘못했는지, 그리고 앞으로 어떻게 고쳐야 하는지 알려 주면 된다.

또한 부모는 아이가 스스로 설명할 기회를 주어야 한다. 만일 혼내는 내용이 사실에 부합하지 않는다면, 아이는 겉으로는 부모의 말에 동의하는 척해도 속으로 매우 억울해할 수 있다. 그러면 훈계는 아무런 소용이 없으며 또 다른 문제만 초래할지도 모른다. 아울러 아이가 상황 설명을 할 때에는 타인에게 책임을 전가하지 말고 평정심을 유지하면서 사실에 근거해 말하도록 가르치자.

그 밖에 유의할 점으로, 아이를 혼낼 때 잘못을 지적하는 동시에 과거 아이가 기울인 노력이나 성과도 인정해 줄 줄 알아야 한다. 인정과 격려가 녹아 있는 질책이야말로 가장 탁월한 훈계이며, 이는 아이 스스로 잘못을 고치도록 도울 뿐 아니라 자신감을 길러 준다.

질책과 훈계는 절묘한 하나의 기술이자 부모가 익혀야 할 필수 항목이다. 이 기술을 열심히 공부하고 연마해 아이에게 긍정적인 영향력을 선사하자.

# 04

격려와 응원이 잠재력을 깨운다

랜디는 초등학교를 졸업할 무렵 엄마와 함께 여행을 떠났다. 엄마는 바닷가에서 아이에게 이렇게 말했다.

"먹이를 낚아채려고 다투는 저 새들을 좀 보렴. 피리새는 날갯짓 두세 번으로 재빠르게 상공으로 날아오르지만, 갈매기는 모래사장에서 하늘까지 날아오르는 데 시간이 좀 걸린단다. 하지만 드넓은 바다 위를 날아 대서양을 건너는 새는 결국 갈매기지. 엄마의 마음 속에 랜디 너는 마치 갈매기 같은 아이란다. 너는 너 자신이 다른 친구들보다 부족하다고 생각할지 모르지만 언젠가는 지금보다 훨씬 더 높이, 멀리 날아오를 거야!"

랜디가 고개를 들어 엄마의 얼굴을 바라보자 엄마는 확신에 찬 미소로 화답했다. 그 미소는 랜디에게 큰 힘이 되었다. 이후 랜디는 정말로 갈매기처럼 힘차게 날아올랐고, 고등학교를 졸업하면서 하버드대학교에 수석으로 입학했다.

격려는 일종의 긍정적인 신념으로, 아이의 마음속에 자리 잡은 부정적인 생각을 없애는 역할을 한다. 모든 사람은 무한한 잠재력을 지니고 있다. 일반적으로 한 사람이 발휘하는 능력은 그가 지닌 잠재력의 약 1%밖에 되지 않는다고 한다. 내면의 동기와 굳건한 신념, 완강한 의지력 등 긍정적인 마음가짐이 뒷받침된다면 인간은 놀랄 만한 창조력을 발휘하며 찬란한 업적을 세울 수 있다. 따라서 아이를 언제나 인정하고 격려해 주자.

또한 부모는 아이의 가치를 발견할 수 있어야 한다. 종종 아이들은 부모가 전혀 생각하지 못한 기발한 생각을 곧잘 해낸다. 경험이 없기 때문에 아이들의 생각은 오히려 전형적인 틀에 얽매이지 않으며 성인보다 훨씬 더 재미있는 상상을 해내곤 하는 것이다. 전혀 말이 안 되는 생각 같아도 그 안에는 부모가 미처 알지 못했던 지혜가 담겨 있을 수 있다. 아이가 재치 있고 번뜩이는 아이디어를 생각해내면 부모는 이를 섬세하게 포착해 계발해 주어야 하며, 큰 격려와 응원으로 아이에게 힘을 실어 주어야 한다.

   아이가 자신감이 부족한 것 같아 걱정하는 부모들이 많다. 때로는 선생님이 실제로 아이가 자신감이 떨어지는 편이라고 콕 짚어 주기도 한다. 이런 아이들은 어떤 일이 일어나기도 전에 걱정부터 하면서 자신은 분명히 실패하리라 생각해 행동으로 옮기지 못한다. 이를테면 오랫동안 준비한 끝에 학교 대표로 전국 규모의 대회에 나갔는데 자신감 부족으로 제 실력을 발휘하지 못하기도 하고, 달리기를 정말 잘 하는 학생이 다른 아이들의 실력에 지레 겁먹고 체육대회에서 계주 출전을 포기해 버리기도 한다.

   오늘날 많은 부모들이 아이의 지능 계발만 중시하는 탓에 학교 성적을 최우선으로 여긴다. 아이를 쉴 틈 없이 각종 학원에 보내면서 마땅히 누려야 할 아이의 권리를 앗아 간다. 아이 스스로 자기 옷을 빨아 보거나 밥을 지어 볼 권리를 빼앗은 채, 무조건 공부만 잘하고 시험만 잘 보면 된다고 이야기하는 것이다.

   그런데 과연 그 결과는 어떤가? 좌절에 관한 교육과 실질적인 문제 해결 능력을 높이는 교육을 모두 무시한 탓에, 학업 성적은 우수할지언정 생활 능력은 떨어지는 아이들이 우리 주변에 숱하다. 부모들은 아이가 자신의 예상과 다른 모습으로 자라는 것을 보고 당혹감을 감추지 못한다.

   아이에게 성공을 선물해 주고 싶다면 자신감과 의지력 등 아이의 심리적 역량부터 기르는 데 주목해야 한다. 공부만 잘하는 것은 아이의 균형적인 성장에 도움이 되지 않는다.

자신감은 성공의 전제 조건이다. 당신은 자신감이 부족한 사람이 진정한 성공을 거두는 모습을 상상할 수 있는가? 아마도 아닐 것이다. 자신감과 반대되는 개념인 열등감에 사로잡힌 아이는 어려움이나 문제를 만나면 어쩔 줄을 몰라 하고 자기 비하에 사로잡힌다. 이런 아이들은 비록 아무리 똑똑하더라도 좌절 앞에서 그대로 무너지고 만다.

따라서 아이에게 학문과 지식을 알려 주는 동시에 자신감과 의지력을 길러 주자. 그러면 아이는 곧 자신의 잠재력을 마음껏 펼쳐 보일 것이다.

# 05

## 칭찬은 아이를 춤추게 한다

미국의 심리학자 윌리엄 제임스는 "인간의 가장 기본적이고 강렬한 욕
구는 타인의 칭찬을 받는 것"이라고 말한 바 있다. 부모가 칭찬하고
인정해 주면 아이는 자존감과 자신감이 높아지고, 이를 통해 삶에
진취적인 자세로 도전하고 나아간다. 본질적으로 볼 때 칭찬은 일종
의 격려다. 제임스의 연구에 따르면 격려나 칭찬을 받아 본 적 없는
사람은 자신이 보유한 능력의 2~3%밖에 발휘하지 못하지만, 칭찬
을 받은 후 그 능력은 약 34배로 치솟는다. 그렇기 때문에 아이들에

게는 끊임없는 칭찬과 격려가 필요하다.

잘 자라지 못한 아이에게는 잘 가르치지 못한 부모가 있을 뿐이다. 농부가 농작물의 운명을 결정하듯, 부모의 가르침이 아이의 일생을 결정한다. 농작물이 무럭무럭 자라나서 얼른 추수할 때가 오길 바라는 농부의 마음처럼, 부모 역시 자녀가 하루빨리 성공하기를 바란다. 그러나 이 둘이 사용하는 방법에는 큰 차이가 있다. 농작물이 잘 자라지 않으면 농부는 우선 자신에게서 원인을 찾으려고 한다. 씨앗이나 농작물을 탓하지 않는다. 하지만 부모들은 어떤가? 아이가 잘못된 행동을 하면 아이를 탓하고 질책할 뿐 자신의 실수를 돌아보지는 않는다.

칭찬과 격려는 아이가 기본적으로 원하는 욕구이자 바람이다. 부모는 여러 방향과 관점에서 아이의 장점을 발견하고, 사랑이 담긴 칭찬과 격려로 아이에게 감동을 주어 건강한 심리 상태를 유지하도록 도와야 한다. 그렇다면 부모는 어떤 방법으로 아이를 칭찬하고 격려할 수 있을까? 하버드 교육 전문가들은 다음의 방법을 추천한다.

## (1) 실패를 너그럽게 품어 주어라

대개 아이들은 잘못이나 실수를 저지르면 심리적으로 크게 위축되고 열등감과 자기 비하에 휩싸인다. 이때 부모는 아이에게 도움을 주고 위로를 건네야 한다. 하지만 일부 부모는 아이를 가르친다는 명목으로 그저 심하게 꾸짖거나 엄하게 혼을 낸다. 이런 교육 방식은 아이의 자신감을 완전히 무너뜨리며 더는 노력하지 않게 만들고 심지어 반항심을 갖게 한다.

부모는 보다 지혜로운 태도로 아이를 품어 줄 수 있어야 한다. 가령, 아이가 시험을 망쳤을 때 야단치기보다는 주눅 들지 않게 다독이고 부모가 여전히 아이를 신뢰한다고 말해 주는 것이다. 그러면 아이는 자신감을 회복하고 더 노력하게 된다. 또한 부모는 아이에게 인생이 늘 생각처럼 되는 것은 아니며 실패는 언제나 있을 수 있음을 알려 주고, 그 원인을 찾아 아이가 어려움을 극복하도록 이끌어야 한다.

자책이 심한 아이는 자기 실수나 잘못 때문에 부모가 더 이상 자신을 사랑하지 않는다거나 신뢰하지 않는다고 생각할지도 모른다. 대화를 통해 아이의 이러한 두려움을 만져 주고, 부모의 마음속에 아이는 여전히 사랑스럽고 믿음직스러운 존재라는 사실을 일깨우자. 부모 본인이나 위인들이 과거 어린 시절에 저질렀던 전형적인 실수를 예로 드는 것도 좋은 방법이다. 아이의 마음을 충분히 달래 준 후에 잘못을 고칠 수 있게 지도하자. 이를 통해 부모는 아이의 진정한 친구가 될 것이며 훗날 아이의 성공도 끌어낼 수 있다.


## (2) 아이의 잠재력을 끌어내라

총명한 머리와 뛰어난 잠재력을 지니고 태어난 아이들이라 해도, 부모가 어떻게 아이를 교육하고 격려하는가에 따라 제각기 다른 모습으로 자라난다. 혹시 당신은 아이의 다양한 잠재력과 가능성을 차단하고 있지는 않은가? "말도 안 되는 소리야", "네가 그걸 어떻게 한다는 거니?", "딴생각 말고 공부만 열심히 해" 같은 말을 하지는 않는가? 이 한마디가 아이의 미래를 어둡게 하는 원인이 될 수 있다.

아이의 무한한 가능성을 열어 두자. 부모는 내 아이의 개성을 존중하고 장점을 충분히 인정해 주어야 한다. 적절한 칭찬과 올바른 지도를 통해, 아이가 재능을 마음껏 발휘하게 도와주자.

### (3) 과도한 칭찬은 지양하라

칭찬은 늘 정확하고 객관적이어야 한다. 아이의 심리 상태와 상황을 정확하게 파악한 뒤, 사실에 근거하여 아이를 격려하고 칭찬해 주자. 어떤 목적을 달성하게 하려고 억지로 하는 칭찬은 오히려 역효과를 낳고, 아이도 부모를 향한 신뢰를 잃는다. 뿐만 아니라 과도한 칭찬은 아이가 왜곡된 자의식을 형성하게 할 위험이 있다. 교만한 마음이 생기거나 일이 조금만 자기 뜻대로 되지 않아도 좌절하고 실망하는 것이다.

이와 더불어, 칭찬은 아이들의 성격에 따라 '맞춤형'으로 해 주는 것이 바람직하다. 예를 들어 소심한 아이에게는 긍정적 행동을 더욱 적극적으로 하게끔 독려하는 내용으로 칭찬해 주고, 말썽꾸러기 또는 지나치게 활발한 아이에게는 적절한 칭찬을 하되 여기에 부탁을 꼭 곁들임으로써 아이가 점차 자신을 제어하도록 이끌어 주자.

# 06

아이 스스로 장점을 발견하는 법

**하루는 토머스가 신이 난 얼굴로 엄마에게 달려와 말했다.**

"엄마! 저 오늘 달리기 시합에서 1등 했어요!"

토머스의 엄마는 시큰둥하게 반응했다.

"누구랑 달리기 시합을 했단 거야? 왜 시합을 했는데?"

"체육 시간에 선생님이 반 아이들에게 달리기 시합을 시켰거든

요. 선생님이 저한테 운동에 소질이 있다고 칭찬하셨어요!"

아이의 얼굴에는 여전히 미소가 가득했지만, 엄마는 마치 토머스

의 말을 못 들은 것처럼 대답했다.

"알겠어. 손 씻고 얼른 방에 들어가서 숙제하렴."

엄마의 말에 매우 실망한 토머스는 어깨를 늘어뜨린 채 자기 방으로 들어갔다. 자신이 달리기에서 1등을 했는데 엄마가 왜 기뻐하지 않는지, 왜 칭찬하지 않는지 이해할 수 없었다.

그런데 저녁에 귀가한 토머스의 아빠는 전혀 다른 반응을 보였다. 그는 아들에게 이렇게 말했다.

"토머스, 너 정말 대단하구나. 아빠는 네가 자랑스럽다! 자, 음식을 골고루 먹으렴. 그래야 더 건강해져서 계속 1등을 할 테니 말이야."

"네, 또 1등 할게요!"

토머스는 기쁜 얼굴로 저녁을 먹었다. 아빠의 이런 격려로 그 후 토머스는 여러 체육대회에서 우승을 차지할 수 있었다.


세상의 모든 꽃은 저마다의 아름다움을 지니고 있다. 아이 역시 마찬가지다. 아이를 다른 아이들과 똑같은 복제품으로 만들 필요는 없지 않은가? 아이가 거둔 성과나 결과를 아이의 지능과 연관 지으려 하지 말자. 성공은 꼭 똑똑해야만 거둘 수 있는 것이 아니다. 성공의 또 다른 어머니는 자신감이다.

자신의 단점이나 부족함 때문에 자신감을 쉽게 잃어버리는 아이들이 많다. 그래서 자기를 정확히 보지 못하고 심지어 자신을 폄하하기도 한다. 부모는 아이가 자신을 수용하고 인정하며 스스로를 칭찬할 수 있도록 격려해 주고 이를 통해 자신감을 기르도록 도와주어야 한다. 이미 자신감을 잃은 아이에게는 "아무도 너를 칭찬해 주지 않아도 돼. 너 스스로 가장 멋진 존재라고 믿으렴!" 하는 식으로 말해 주자.

모든 아이들은 생명을 가진, 자라나는 존재라는 그 이유 하나만으로도 충분히 사랑스럽고 멋지다. 이를 아이에게도 알려 주어야 한다.

### (1) 외모 칭찬하기

거울 하나를 준비해서 아이가 매일 자신의 모습을 비춰 보고 예쁘고 귀여운 점을 발견하게 도와주자. 뛰어난 점만 찾아서 칭찬할 필요는 없다. 인간은 완벽하지 않으며, 자신의 부족함을 인정하고 받아들일 줄 아는 사람이야말로 진정한 자신감을 기를 수 있다.

한편, 아이가 자신의 모습을 그려 보게 하는 것도 권할 만하다. 바닥에 큰 종이를 깔고 그 위에 아이를 눕게 한 다음 부모가 윤곽을 그려 준 뒤 종이를 잘라 보게 하자. 또는 아이에게 거울을 보고 자신의 모습을 그리게 해 보자. 이 과정에서 아이는 자신의 외모와 신체, 그리고 그 특징과 장점을 인식하고 이해할 수 있다.

### (2) 특기 칭찬하기

모든 아이에게는 자신만의 특별한 재주나 재능이 있다. 어릴 때부터 아이의 특기와 장점을 발견해 칭찬하고 격려해 주면 아이는 이를 더 뛰어난 수준으로 계발할 수 있을뿐더러 자신감도 향상된다.

예를 들어 아이가 매우 내성적이고 말수가 적으며 무리 속에서 눈에 잘 띄지 않는 성격이더라도, 매우 세심하고 모든 일을 끈기 있게 처리하거나 관찰력과 집중력이 뛰어나 책 또는 만화 속 장면에 깊이 몰입할 수 있다. 부모는 이것이 아이의 장점이라는 사실을 인지하고, 아이가 이를 잘 계발하도록 격려해 주어야 한다. 아이에게 너 자신이 얼마나 섬세하며 관찰력과 집중력이 얼마나 뛰어난지 알려 주고, 그래서 부모가 얼마나 기뻐하고 있는지를 말해 주자.

그 후 아이가 자신이 관찰한 것들을 부모에게 말하기 시작했다면 이는 교육이 더할 나위 없이 바람직한 방향으로 가고 있다는 뜻이다. 자연스럽게 아이는 스스로 자신의 장기를 찾고 부족함은 채우려고 부단히 노력하게 된다. 이는 아이의 자신감을 길러 줄 뿐 아니라 내성적인 성격을 바꾸는 데에도 매우 유리하다.

### (3) 성격 칭찬하기

아이들의 성격은 천차만별이다. 모든 아이에게는 저마다의 성격이 있으므로, 아이가 자기만의 성격을 인식하고 그중 긍정적인 부분을 발견해 발전을 거듭할 수 있도록 도와주자. 예를 들어 아이에게 "너는 정말 활달한 아이야", "너는 다른 친구들을 정말 잘 도와주는구나", "너는 정말 솔직하구나" 등의 말을 해 주는 것이다.

### (4) 취미 칭찬하기

취미는 아이가 삶을 적극적이고 진취적으로 살아가고 있다는 증거다. 따라서 아이의 취미가 건강하고 긍정적이기만 하다면 부모는 이를 지지해 주고 격려해 주어야 한다. 가령 아이가 동물을 돌보는 것을 좋아한다면 사랑이 많은 아이의 예쁜 마음과 그 취미를 칭찬해 주고, 장난감 수집을 좋아한다면 이를 인정해 주고 부모가 그에 동참해 보자. 또는 아이에게 "너는 뭘 할 때 가장 즐겁니?"라고 물어보는 것도 취미를 발견하고 계발하는 좋은 방법이다.

### (5) 능력 칭찬하기

아이가 어릴 때는 그 능력이 두드러지지 않지만, 그럼에도 불구하고 부모는 이를 발견할 수 있어야 한다. 만일 아이가 발음이 정확하고 말을 잘한다면 이는 표현 능력이 좋은 것이니, 자녀에게 아이 자신이 이런 능력을 갖추고 있다는 사실을 알게 해 주자.

아이의 능력은 여러 방면에서 나타나므로 부모는 아이가 자기 고유의 능력과 장점을 발견해 내도록 스스로를 칭찬하고 사랑하는 법을 알려 주어야 한다.

# 07

'할 수 있다'고 말하면 정말로 할 수 있다

<u>혹시 당신은 "넌 애가 어쩜 그렇게 바보 같니?", "너는 그거 못 해" 등의</u>
<u>말을 자녀에게 자주 사용하고 있지 않은가?</u> 부모는 이런 말이 아이에
게 얼마나 큰 상처를 주는지 알아야만 한다. 또 이런 말은 아이 스
스로 자신은 쓸모없는 존재라고 생각하게 만들어 자신감을 기르는
데 부정적인 영향을 미친다. 따라서 부모는 "멋지게 해냈구나!", "넌
할 수 있어!" 등의 긍정적인 언어를 많이 사용해야 하며 아이의 잠재
력을 차단하는 표현을 써서는 안 된다.

사람은 누구나 성공하고 싶은 욕망이 있다. 어른 역시 남의 칭찬을 받고 싶은데 하물며 아이는 어떨까. 인재는 칭찬 속에서 자란다. 똑같은 일이 발생해도 어떤 각도로 아이를 평가하느냐에 따라 아이가 느끼는 감정도 달라진다.

가르치는 형식이나 방법은 여러 가지가 있을 수 있지만, 교육에서 가장 중요시해야 하는 것은 하나다. 바로 아이에게 동기를 부여하고 자신감을 심어 주어 더욱 분발하게 이끄는 것이다. 조사에 따르면 하버드생의 부모들은 다음과 같은 방법을 활용했다고 한다.

## (1) 장점을 인정하고 성과를 인정해 주어라

자신감은 칭찬과 인정 속에서 자라며, 자신감 있는 아이는 성격이 원만하고 창조적이며 대인 관계도 좋다. 게다가 아이들이 늘 목말라하는 것이 바로 부모의 인정과 칭찬이다. 아이가 좋은 성과를 일구었을 때 긍정적인 눈빛과 말, 그리고 몸짓으로 아이를 칭찬하고 인정해 주자.

## (2) 아이의 잠재력을 발견하는 안목을 갖춰라

어떤 아이든 자신만의 장점과 잠재력을 지니고 있다. 부모는 이 점을 발굴하여 제때에 인정하고 격려해 주어야 한다. 아주 작은 성과라도 소중히 여기고 제대로 인정해 주면 아이는 어제보다 오늘 훨씬 더 강해질 것이다.

### ⑶ 부족한 점은 사랑의 눈길로 바라봐 주어라

가령, 아이의 학습 집중력이 떨어져 보이거나 성적이 좋지 않으면 "선생님이 네가 참 똑똑하다고 말씀하시더구나. 수업 시간에 조금만 더 집중하면 성적이 쑥 오를 거야" 하는 식으로 이야기해 주자. 아이는 기쁘게 그 충고를 받아들인다.

충고에는 이처럼 '사랑'의 의미가 담겨 있어야 한다. 아이에게 자신의 부족함 때문에 부모에게 버림받는 일은 없을 것이라는 안정감을 주고, 부모가 자신을 사랑한다는 것을 느끼게 해 주어야 한다.

### ⑷ 자신감에 상처 주는 말을 사용하지 마라

아이 앞에서 "어휴, 이 답답이!", "넌 안 돼" 등의 표현은 절대 삼가야 한다. 이런 말을 지속적으로 사용하면 아이는 정말로 자신을 형편없는 사람이라고 생각하고, 심지어 인격적으로 건강하지 못한 사람으로 자랄 수 있다.

아이들이 어려움과 좌절을 겪을 때 위축되고 주눅 드는 것은 당연한 일이다. 다만, 부모는 이를 당연시해서는 안 되며 격려와 응원을 보내 주어야 한다. 이럴 때 아이에게 조소와 함께 자존감에 상처 주는 말을 하는 부모들이 있는데, 그러면 그럴수록 아이의 자신감은 나락으로 떨어진다.

'난 할 수 있어'라는 말은 성공하는 사람들이 스스로에게 갖는 일종의 신념이다. 이 말은 자신에 대한 신뢰를 키워 주고 결국 어려움을 극복하게 한다. 반대로 '그래 봤자 난 안 돼'라는 말은 실패자들의 마음 깊숙한 곳에 자리하고 있는 표현이다. 그러므로 부모가 어떤 말로 아이를 교육하는가는 아이의 자신감을 기르는 데, 나아가 성공이나 실패에 결정적인 역할을 한다.

"넌 안 돼"라는 말을 당신의 사전에서 지우자. 노력하기만 하면 내 아이는 성공할 수 있다고 여기고 아낌없이 자신감을 심어 주어야 한다.

# 08

한 번의 실패는 아무것도 아니다

**혹시 당신의 아이가 유독 진취성이 부족하지는 않은가?** 만일 그렇다면 이는 상당 부분 부모의 잘못된 교육 탓이다. 가령, 시험 성적이 하락하는 것은 누구나 겪을 수 있는 매우 흔한 일이다. 여기서 중요한 점은 이에 대해 부모가 어떻게 교육하고 지도해 주는가 하는 것이다. 엄한 교육이나 체벌은 아이에게 실망감과 반항심만 안겨 줄 뿐이며, 시험을 두려워하는 악순환을 낳는다. 나아가 자신을 보잘것없다고 여겨 스스로를 믿지도 못하게 된다.

올바른 교육법은 아이의 마음을 이해하고 격려하며, 시험 성적이 좋지 못한 이유를 분석해 아이의 부족한 부분을 정확히 인식하게 하고 이를 보완하도록 돕는 것이다. 동시에 부모는 아이가 단 한 번의 실수로 스스로를 부정하지 않도록 해야 하며, 부모의 격려와 위로를 통해 다시 노력할 동기를 얻게 해야 한다.

사실 모든 아이는 부모가 "너는 똑똑해"라고 말해 주면 정말 똑똑한 아이로 자란다. 결국 자신감은 아이 스스로 지켜 가는 것이기도 하지만, 부모가 보내는 칭찬과 격려의 산물이기도 하다. 끊임없이 격려해 주면 아이는 자신감을 얻어 누구보다 영리한 사람으로 성장할 수 있다.

한편, 아이가 잘못을 저질렀거나 어떤 일을 시도했다가 성공하지 못했을 때 자녀를 탓하지 말아야 한다. 흔히 부모들은 아이가 어떤 일에 실패하면 기술이 부족해서 그런 것이라고 여긴다. 그런데 어떤 경우에는 부모가 그러한 기술을 아예 가르쳐 주지 않았을 수도 있다. 그러니 일의 결과로 아이의 가치까지 판단하지는 말자.

부모는 아이가 실수와 실패에도 대담하게 맞서는 법을 가르치고 자존감과 자신감을 유지하는 법을 알려 주어야 한다. 자신의 능력이나 가치에 대한 믿음이 적은 아이는 매사에 능동적이지 못한 데다 일의 효율도 떨어진다. 또 다양한 외부 활동에 적극적으로 참여하거나 공헌하지 못해 귀속감을 얻기도 어렵다.

노력하거나 도전하지 않고 지레 포기해 버리는 이런 아이들은 때로 반항적인 행동을 하기도 한다. 바로 스스로가 쓸모없고 무능하다고 생각하기 때문이다. 그래서 성과도 없는 일을 할 바에는 나쁜 행동으로 사람들의 시선을 끄는 게 차라리 낫다고 생각한다.

그만큼 자신감은 아이의 성장에 절대적인 영향을 미친다. 따라서 아무리 작은 것이라도 아이가 거둔 성과를 인정하고 칭찬해 주자. 그러면 아이는 자신이 성장하는 모습을 부모에게 계속 보여 주고 싶어 한다. 아이가 올바른 방향으로 내딛는 한 걸음, 한 걸음을 부모가 인정하고 칭찬해 준다면 아이는 더 큰 성과를 일구어 낼 것이다.

아이들은 시험에서 실수를 하거나 성적이 떨어지면 크게 상심하곤 한다. 이때 질책과 비난으로 아이의 상처를 더 크게 만들 것이 아니라, 격려와 위로를 통해 실수와 실패는 자신을 돌아볼 가장 좋은 기회이며 한 번의 실패는 아무것도 아님을 알려 주자.

한번 실패했다고 해서 인생이 끝나는 것이 아니며, 실패를 인정하지 못할 때 그 실패의 꼬리가 계속 따라다닌다는 사실을 가르쳐 주어야 한다. 자녀가 슬퍼하고 있을 때 손을 내밀어, 아이가 그 슬픔을 극복하고 다시 앞으로 나아갈 수 있도록 이끌자. 그래야만 아이는 훗날 진정으로 성공한 인생을 살 수 있다.

"아이가 친구들과 잘 못 어울려요."
"우리 애는 꼭 대인 기피증이 있는 것처럼
사람들을 피하기만 해요."
"친구들이 딸아이를 별로 안 좋아해요."
"아들이 학교에서 괴롭힘을 당해요."
많은 부모들이 내 아이가 대인 관계 속에서 다른 사람들의
사랑과 인정을 받지 못해 몹시 걱정하고 힘들어한다.
우선 아이의 성격을 주의 깊게 살펴본 뒤, 그 방향을 보다
긍정적인 방향으로 틀어 주자. 모든 아이의 성격은 다
다르게 마련이지만, 좋은 성격이란 분명히 존재한다. 또한
성격이 원만한 아이는 누구에게나 사랑받을 수 있다.

STEP
10

원만한 성격
형성하기

# 01

반항심 잠재우는 법

어떤 부모들은 아이가 자기 말을 듣지 않을까 봐 염려해 사사건건 잔소리를 늘어놓는다. '이건 이렇게 해라, 저건 저렇게 해라' 하며 끊임없이 주의를 준다. 아이가 실수나 잘못을 했을 때 과거의 일까지 모두 들추어내며 훈계하는 부모도 있다. 아이에게 숨 돌릴 틈도 주지 않고 내내 꾸중하기도 한다. 하지만 이런 방법은 모두 아이의 반항심만 자극할 뿐이다.

자녀의 인생에 첫 번째 선생님인 부모는 어떻게 아이의 반항심을 잠재울 수 있을까? 먼저 다음의 경험담을 함께 살펴보기로 하자.

　열세 살 루이스는 사춘기를 겪고 있다. 루이스는 자기 마음에 들지 않는 모든 것에 극렬히 반대하며 반항하고, 쉽게 화를 내거나 어디론가 도망가 버린다. 부모의 잔소리는 한 귀로 듣고 한 귀로 흘린다.
　어느 날 저녁, 집에 돌아온 루이스는 침대에 누워 오늘 하루도 자기 뜻대로 되지 않았다는 생각에 짜증이 났다. 그래서 베개를 마구 때리며 화풀이를 하기 시작했다. 그런데 베개 밑에 편지 하나가 놓여 있었다.
　"아들, 요즘 네가 짜증 나는 일이 많고 실패도 겪고 있다는 걸 알고 있단다. 부모라고 해서 모든 면에서 다 옳지는 않아. 하지만 너를 사랑하는 엄마의 마음만큼은 진심이란다. 네가 뭐라고 하든, 뭘 하든 이 사실은 변함이 없어. 엄마랑 대화하고 싶을 때 말해 줘. 언제는 환영이야. 기억하렴. 네가 어디에서 뭘 하든, 엄마는 늘 너를 사랑하고 네가 있어 자부심을 느낀다는 것 말야."
　엄마가 쓴 편지였다. 그 후로도 루이스가 감정적으로 심하게 요동치거나 화를 낼 때면 어김없이 베개 밑에 편지가 놓여 있었다. 이 편지는 그가 사춘기를 지나 어른이 되어서도 언제나 함께했다.

　이러한 사례를 참고하면서, 만일 당신의 아이가 반항적인 행동을 한다면 다음의 방법을 사용해 보길 권한다.

## (1) 아이 앞에서 이성을 유지하라

반항적인 아이의 모습을 보면 대부분의 부모들은 권력으로 이를 제압하려고 한다. 그러나 최대한 이성을 유지하고 아이가 평정심을 되찾은 후에 대화를 진행하자. 적대감으로 똘똘 뭉친 아이가 언어와 행동에 통제력을 잃고 과격하게 굴지언정, 어른 된 부모는 이성적이고 차분한 모습을 유지할 수 있어야 한다.

## (2) 아이와 평등하게 대화하라

부모는 제삼자의 입장에서 아이가 반항적 행동을 보이는 이유가 무엇인지 분석해야 한다. 많은 부모들은 오로지 자신만이 옳다고 생각해 아이는 당연히 부모의 말에 순종해야 한다고 믿는다. 하지만 아이 역시 자기 나름의 생각과 방법으로 문제를 해결하는 존재다. 따라서 마음을 열고 아이의 말을 경청하자. 특히 한 사건을 놓고 부모와 자녀가 감정적인 면에서 구체적으로 어떤 생각인지 대화를 나누면 더욱 효과를 볼 수 있다.

## (3) 자신의 교육 방식을 돌아보라

앞서 말했듯 부모가 제삼자의 눈으로 아이의 행동을 분석하다 보면, 문제는 아이가 아닌 부모 자신에게 있다는 사실을 발견하기도 한다. 부모라는 위치에서 벗어나 객관적으로 나의 교육법을 되돌아보자. 많은 부모들은 과거에 자신도 부모님의 말씀에 따랐으니 내 아이 역시 그래야 한다고 생각한다. 그러니 아이가 자신의 말을 따르지 않으면 그저 '반항'을 한다고 치부하는 것이다. 때로는 지금의 방식을 내려놓고 다른 시각으로 아이를 바라보자.

### (4) 아이에게 이성적 사고를 유도하라

가령, 아이가 이른 나이에 이성과 교제하는 것을 두고 대화를 한다고 해 보자. 부모는 적절한 근거를 대며 조리 있게 충고하되, 아이 스스로도 충분히 생각해 볼 수 있게 지도해 주어야 한다. 아이의 감정과 인격을 존중하는 것은 물론 기본이다. 아이가 하는 말에 무조건 반대하거나 부정적으로 판단하는 것은 금물이며, 아이를 이러쿵저러쿵 규정하는 '꼬리표'를 붙이지 않도록 주의하자. 대화할 때는 가급적 구체적인 사례를 들어 줌으로써 아이의 이성적인 판단을 돕는 것도 좋다.

# 02

감정과 생각, 솔직하게 표현하기

정직은 인간이 지녀야 할 가장 중요한 성품이자 미덕 중 하나로, 모든
사람의 칭송과 찬사를 받는 덕목이다. 정직이란 사람으로서의 근본
원칙을 준수하는 것이며, 모름지기 부모는 자녀가 정직한 사람이 되
기를 바란다.

아이에게 정직을 가르치는 일이 쉽지만은 않다. 하지만 다른 무엇
보다 강력한 방법이 있는데, 그것은 바로 부모가 본보기가 되어 주
는 것이다. 가장 가까이에 있는 부모가 모범을 보이면 아이는 정직

의 가치를 몸소 체험하게 되고, 일상에서 조금씩 배우고 따라 하다 보면 자연히 이런 성품을 함양할 수 있다.

예를 들어 아이가 무언가를 물어볼 경우, 부모는 정직하고 솔직하게 대답해 주어야 하며 어떤 의견이나 건의라도 열린 마음으로 들어 주고 수용해야 한다. 많은 아이들이 자기 생각을 솔직하게 표현하지 못한다. 자신에 대한 부모의 기대 때문에 '저는 그렇게 못 해요', '그렇게 하지 않을래요'라는 말을 못 하는 것이다. 그러므로 부모는 우선 아이가 자신의 솔직한 감정이나 생각을 잘 표현하도록 도와주어야 한다. 이것이 정직한 성품을 기르는 바탕이 된다.


열다섯 살 안드리아는 대학교에 조기 입학을 했다. 나이가 어렸던 안드리아는 부모에게 자주 편지를 써서 대인 관계와 처세에 관한 조언을 구했는데, 하루는 이런 편지를 보냈다.

"기숙사에서 돈이 사라졌어요. 친구들은 모두 A가 범인이라고 하는데 사실 저는 다른 사람이 범인 같아요. 하지만 그걸 증명할 증거가 없어요. A는 이 일로 너무 힘들어해요. 그 모습을 보고 있자니 저도 속이 상하는데 A가 도둑이 아니라는 증거가 없어서 도움을 주지 못하고 있어요. 제가 A를 동정하니까 동기들은 혹시 저도 한통속 아니냐며 몰아가기까지 해요. 엄마, 어떻게 해야 할까요? 도와주세요!"

편지를 읽은 엄마는 곤경에 빠져 있을 딸을 생각하며 한숨을 내쉬었다. 그러고는 답장을 쓰며 '상황을 피하지 말고 정직한 사람이

돼라'는 '지시'를 내렸다. 이어서 엄마는 동기들과 대화를 시도하라는 조언을 했다. 누군가 낭떠러지에 매달려 있을 때 손을 내밀어 줄 수 있어야 한다는 것이었다. 만일 손을 잡아 주지 않아 그가 아래로 떨어져 버린다면 그 죄책감에 평생 괴로울 것이며, 나중에 자신도 똑같은 처지에 놓일 수 있다는 얘기였다.

얼마 후 안드리아는 엄마에게 이런 답장을 보내왔다.

"엄마의 가르침으로 저는 정직이라는 소중한 가치를 선물받았어요. 왠지 좀 더 멋진 사람이 되는 데 한 걸음 다가간 것 같아요. 고마워요."

시간이 흘러 도난 사건의 진상이 밝혀졌다. 돈을 훔쳐 간 사람은 기숙사 사람이 아니었다. 동기들은 당시 안드리아가 옳았다는 사실에 양심의 가책을 느끼며 부끄러워했다.


혹시 아이가 성적을 잘 받게 하려고 대신 숙제를 해 주거나 그림을 그려 준 일은 없는가? 만일 있다면 당신은 무심코 한 그 행동이 아이를 정직이라는 가치에서 멀어지게 했다는 사실을 알아야 한다. 부모가 정직한 모습을 보여야만 자녀 역시 부모를 신뢰하고 좋은 인생의 기반을 다져 나간다.

부모의 행동은 부지불식간에 자녀에게 상당한 영향을 미친다. 아이에게 정직을 가르치고 싶다면 부모부터가 그런 사람이 되어야 한다. 하지만 평소 많은 부모들이 그렇지 못한 모습을 보인다. 가령, 자기 아이가 먼저 이웃집 아이를 때리는 걸 봤으면서도 아니라고 거짓 말을 하곤 한다. 이는 아이에게 거짓을 가르치는 일이 된다. 반면에 부모가 우수한 성품과 소양을 지녔다면 아이 역시 그런 사람으로 자란다. 결국 언행에 무게를 두고 주의를 기울여야만 긍정적인 교육 효과를 불러올 수 있는 것이다.

한편으로 부모는 평소 아이의 행동을 유심히 관찰해야 한다. 아이가 부정직한 행동을 한다면 즉시 고쳐 주고 옳은 일을 하도록 가르쳐야 한다. 이때 부정직한 행동이 어떤 결과를 초래하는지, 또 정직에는 어떤 좋은 결과가 따라오는지 함께 알려 주자.

정직에 관한 교육에 결정적인 비법이나 정해진 답은 없다. 무엇보다 부모가 모범을 보이고, 아이가 잘못했을 때 즉시 바로잡아 주며, 잘했을 때 아낌없이 칭찬해 준다면 자연스럽게 정직한 사람으로 성장할 것이다.

정직으로 향하는 여정은 농사를 짓는 것과 같다. 씨앗을 뿌리고 끊임없이 보살피는 것은 비록 고된 일이지만, 곧 찾아올 넉넉한 수확의 기쁨은 그 무엇으로도 대신할 수 없기 때문이다.

# 03

진실함은 비범한 능력이다

미국 초대 대통령 조지 워싱턴이 어릴 적 아버지에게 작은 도끼를 하나 선물받았다. 조지는 그 도끼를 매우 좋아했다. 평소 숲에서 나무를 베는 사람을 자주 보곤 했던 그는 그 모습을 흉내 내면서 집 앞의 작은 나무들에 도끼질을 했다. 얼마 후 외출했던 아버지가 집에 돌아와서는 잔뜩 화난 얼굴로 물었다.

"내 앵두나무를 누가 벤 거냐?"

"아……, 제가 이 도끼로……."

놀란 조지가 울먹이면서 대답했다.

그러자 아버지는 화내는 것도 잊은 채 이렇게 말했다.

"우리 아들! 솔직하게 말해 줘서 아빠는 참 기쁘다. 저 앵두나무가 없어지더라도 나는 네가 거짓말하는 건 보고 싶지 않구나."

후에 조지 워싱턴은 솔직한 언행으로 미국인들에게 큰 사랑을 받았다. 사실 아이들이 거짓말을 할 때 대부분 어떤 악의가 담겨 있는 것은 아니다. 때로는 자신을 보호하기 위해서 혹은 벌을 받는 게 무서워서, 아니면 어른들의 관심을 끌기 위해서 또는 현실과 상상을 분간하지 못해서 거짓말을 하곤 한다.

따라서 부모는 아이가 솔직하게 말하지 못하는 이유를 먼저 분석한 다음 그 행동을 하지 못하도록 천천히 가르쳐야 한다. 단, 이 과정에서 당신이 부모로서 다음과 같이 잘못된 생각과 행동을 하고 있지는 않은지 돌아볼 필요가 있다.

## (1) 거짓말은 아이가 크면 고쳐질 것이라고 생각한다

유치원의 장난감을 집으로 가져와서는 친구가 선물해 줬다고 거짓말하는 아이들이 있다. 부모는 아이의 이런 거짓말을 듣고 '아이가 아직 어려서', 또는 '뭘 몰라서' 그렇다고 대수롭지 않게 여긴다. 하지만 타인의 물건에 손을 대는 행동이야말로 어릴 때 바로잡아야 나쁜 습관으로 굳어지지 않는다.

## (2) 아이의 거짓말에 불같이 화를 낸다

아이가 거짓말하는 모습을 보고 화가 난 나머지 앞뒤 상황을 묻지도 않고 혼내는 부모가 있다. 앞에서 언급했듯 아이가 거짓말을 하는 이유는 체벌이 무섭거나 칭찬을 받고 싶어서, 혹은 상상에서 출발했거나 그냥 재미있으려고 등등 매우 다양하다. 부모는 이러한 원인을 정확히 분석하고 평정심을 유지하면서 아이에게 차근히 충고해 줄 수 있어야 한다.

## (3) 거짓말도 아이가 똑똑하다는 증거라고 믿는다

전혀 없었던 일을 만들어 내며 거짓말을 하는 아이들이 종종 있다. 예를 들어 한 번도 가 보지 않은 곳을 가 봤다고 얘기하며 매우 생생하게 그곳을 묘사하는 것이다. 그런데 일부 부모들은 이것이 자녀가 영리하다는 증거이며 그만큼 아이의 상상력이 풍부하다는 뜻으로 받아들인다. 이런 '상상성 거짓말'의 경우 "내가 상상 속에서 가 본 곳은……" 하는 식의 말을 붙이게 하자. 그래서 아이가 상상의 나래를 펼치면서도 현실과 구분할 수 있도록 지도해 주어야 한다.

## (4) 부모로서 말과 행동이 다른 모습을 보인다

가령, 아이와 함께 들른 가게에서 점원의 실수로 거스름돈을 더 많이 돌려받았다고 해 보자. 부모가 신나는 얼굴로 "오늘 돈 벌었네!"라고 말하는 순간 아이의 순수한 마음에는 때가 타기 시작한다.

심지어 이는 나중에 아이가 거짓말하는 바탕을 마련해 주는 것일 수 있다.

지금껏 당신은 아이 앞에서 이러한 모습을 보이지 않았는지 곰곰이 되짚어 보자. 하지만 변화와 개선은 충분히 가능하다. 그렇다면 하버드생의 부모들은 어떻게 자녀에게 진실함에 관해 가르쳤을까?

## (1) 부모부터 언행일치를 지켜라

진실하지 못한 아이의 말과 행동을 고쳐 주려면 먼저 부모의 언행이 일치하는 모습을 보여야 한다. 아이는 모방 능력이 강해 어떤 행위의 암시나 영향을 쉽게 받는다. 부모가 약속을 잘 지키지 않으면 아이도 이를 그대로 보고 배우는 것이다.

가령, 하버드생의 부모들은 자녀가 어릴 때 일요일에 공원에 가서 함께 놀기로 약속했으면 그걸 꼭 지켰다. 갑자기 급한 일이 생겼을 경우 그것이 중요한 일인지 아닌지를 먼저 판단했고, 중요한 일이 아니면 반드시 약속을 지켰으며 중요한 일이면 아이에게 상황을 설명하고 다음번에 꼭 데려가는 식이다.

이러한 방식으로 부모는 아이에게 진실함과 정직에 대한 바람직한 방향을 제시해 줄 수 있다. 만일 약속을 지키지 못했다면 이를 인정하고 아이에게 정식으로 사과함으로써 '약속을 지키는 것이 좋은 습관'이라는 사실을 알게 해 주자.

## (2) 아이를 의심하지 마라

피터 선생님은 과거 물건을 훔친 일이 있던 짐에게 돈을 찾아오도록 심부름을 시켰다. 짐은 예전에 물건을 훔친 적이 있는 탓에 친구들이 멀리하는 아이였다. 그러나 항상 사람들에게 신뢰를 받고 싶어 하는 아이이기도 했다.

선생님이 심부름을 시키자 짐은 믿을 수 없다는 듯 물었다.

"만일 제가 돈을 안 가져오면 어떻게 하실 거예요?"

그러자 피터 선생님이 웃으며 대답했다.

"그럴 일은 없어. 넌 매우 진실한 아이잖니. 어서 다녀오렴!"

짐은 심부름을 마친 후 선생님께 돈을 건네며 액수를 세어 보라고 했다. 하지만 선생님은 "네가 세어 봤잖니. 그럼 됐어"라고 대답하고는 아무렇지 않게 돈을 책상 서랍에 넣었다. 그 후 짐은 이렇게 털어놓았다.

"그날 돈을 가져오면서 저는 만일 누가 그 돈을 뺏으려 하면 어떻게든 지켜 낼 거라고 다짐했어요."


피터 선생님은 신뢰의 방식으로 짐에게 진실함에 관해 가르쳤다. 마찬가지로 부모는 아이를 의심하지 말고 오히려 충분히 믿고 있다는 것을 보여 줌으로써 아이의 진실함을 끌어낼 수 있다. 신뢰야말로 아이 마음의 정직을 여는 열쇠인 것이다.

# 04

책임감, 미래 인재의 필수 요건

<u>자녀를 책임감 있는 사람으로 키우는 것은 대다수 부모의 공통된 바람</u>
<u>이다.</u> 책임감을 심어 주는 것은 향후 아이의 미래와도 관련된 문제
다. 책임감 있는 아이는 자기 자신 및 타인에 대해 맡은 바를 해낼
줄 알고 학업과 일상생활에서 해야 할 것도 성실히 이행하기에 향후
사회에 꼭 필요한 인재로 성장한다.

책임감이 강한 아이는 어떤 일에도 열심히 임하며 완강한 의지로
어려움을 극복해 결국 성공에 이를 수 있다. 그렇다면 아이의 책임

감을 기를 방법에는 어떤 것이 있을까? 하버드 교육 전문가들의 조언을 참고해 보자.

## (1) 자기의 일은 자기가 하는 분위기를 조성하라

가정에서 아빠의 일과 엄마의 일, 그리고 아이의 일을 명확히 나눈 뒤 어떤 일은 아이가 도와줄 수 있는지, 또 어떤 일은 아이 스스로 해야 하는지 구분한다. 아이가 해야 할 일의 영역과 범위를 명확히 해 주는 것이다. 이후 점차 그 난이도를 높여 새로운 목표를 부여해 주면 아이의 책임감을 기르는 데 큰 도움이 된다. 또한 부모는 아이가 자신이 좋아하는 일을 하도록 허락하되, 모든 일에는 책임이 따르는 법이라는 사실을 분명히 일러 주자.

## (2) 다른 사람의 일을 돕게 하라

아이에게 자기 일만 하지 말고 다른 사람도 도울 줄 알아야 함을 가르쳐 주자. 아이 역시 엄연한 가족 구성원이므로 집안일 혹은 그 밖에 식구들의 일을 도울 책임이 있다. 적어도 자신이 할 수 있는 범위에서는 도움을 주는 법을 연습해야, 후에 세상으로 나가서도 그러한 긍정적 행동을 자연스럽게 할 수 있다.

사람들은 아이들이 마냥 어리다고 생각하고 아무것도 할 수 없다고 여긴다. 그런 탓에 아이가 뭔가에 조금만 서툰 모습을 보이거나 주저하면, 심지어는 그런 모습을 미처 보이지 않아도 지레 짐작으로 나서서 대신 해 주는 부모들이 많다.

그러나 이는 궁극적으로 아이에게 도움이 되지 않는다. 가능한 범위 안에서 아이에게 적절한 조건을 마련해 줌으로써, 자기 임무를 완수하고 책임감을 기르는 훈련을 해야 한다.

### (3) 자신의 행동에 책임지게 하라

아이들은 아직 지식이 부족하고 경험이 많지 않아서 종종 실수를 저지른다. 예를 들어 부주의로 물건을 깨뜨리거나 충동적으로 친구를 때리는 등 여러 사고를 일으키곤 한다.

그런데 아이의 이런 행동에 대부분의 부모들은 "이게 뭐야? 왜 이랬어! 빨리 가서 숙제해!" 하는 식으로 대응하며 아이를 '사건 밖'으로 밀어낸다. 그러면 아이들은 아무 일 없었던 듯 책임을 지지 않은 채 그 자리를 떠나 숙제를 하거나 친구들과 놀러 나간다. 아이가 저지른 사고인데 부모가 남아서 사과를 하거나 뒤처리를 하는 것이다. 과연 이런 방식으로 아이의 책임감을 기를 수 있을까? 엄밀히 말하면 이는 아이가 책임을 이행할 기회를 부모가 빼앗는 꼴이다.

한 아버지가 있었다. 그의 아들은 사람을 폭행한 탓에 경찰에 잡혀갔고 거액의 벌금과 의료비를 배상해 주어야 하는 상황이 되었다. 하지만 아버지에게는 그만한 돈이 없었다. 여기저기 뛰어다니며 돈을 빌린 그는 가까스로 합의금을 만들어 아들에게 건네주었다. 하지만 아들은 후회거나 반성하는 기색이 없었고, 이후 또다시 사람을 폭행하고 강도짓을 하던 중 살인을 저지르는 바람에 끝내 사형선고를 받았다.

이 이야기 속 아버지는 아들이 자기 잘못에 스스로 책임을 지게 하지 않고 본인이 대신 대가를 치렀다. 표면적으로는 일종의 사랑인 듯 보이지만, 이 사랑은 결국 아들을 죽음으로 몰고 갔다. 아들은 자신의 잘못에 책임을 지지 않은 대신 목숨을 내놓게 되었으니 말이다.

일반적으로 아이가 실수나 잘못을 저질렀을 때가 책임감을 가르칠 가장 좋은 타이밍이다. 죄책감과 불안함에서 아이를 구해 줄 수 있고, 아이가 이를 마음에 새겨 똑같은 실수를 저지르지 않도록 방지할 수 있기 때문이다.

물론 이때 부모는 냉정한 태도를 유지해야 한다. 소리를 지르거나 아이를 협박하거나 놀라게 해서는 안 되며, 이치를 조목조목 설명해 주면서 아이가 스스로 책임지고 고칠 방법이 무엇인지 알려 주는 것이 바람직하다. 아이에게 책임의 의미와 그 무게를 깨우쳐 줌으로써, 자기 잘못을 용기 있게 인정하고 책임지는 사람으로 성장시키자.

# 05

육하는 아이, 이렇게 가르쳐라

<u>요즘 아이들은 쉽게 육하거나 짜증을 낸다.</u> 그런데 하버드의 교육 전문가들은 아이의 나쁜 성격은 사실 표현력이 부족한 탓에 생기는 것으로, 자신의 마음을 어떻게 표현해야 할지 몰라서 그런 것이라고 말한다.

감정적으로 쉽게 격해지는 아이는 지식 습득이나 대인 관계 등 삶의 여러 방면에서도 문제를 겪기 때문에 건강하게 성장하기가 어렵다. 그러므로 부모는 아이가 쉽게 육하거나 짜증을 내는 습관을

고치도록 도와주어야 한다. 성격이 원만한 아이는 다른 사람의 환영을 받고 더 많은 친구를 사귈 수 있으며 다양한 능력을 계발하는 데 유리하다. 욱하는 아이의 마음을 다스려 주기 위해서는 다음의 조언을 참고하자.

## (1) 지나친 사랑은 금하라

아이의 모든 요구를 다 받아주거나 심지어 아이가 부모 위에 군림해도 내버려 두는 부모들이 있다. 아이의 생활에 조금이라도 불편함이 생길까 봐 염려가 되어서다. 이런 부모는 매사를 아이 위주로 생각하며 아이가 스스로 해야 할 일을 모두 대신해 주고 아이가 원하는 것은 뭐든지 들어준다. 그러나 이런 교육 방식은 결국 '난 내가 하고 싶은 건 다 해야 해. 누구도 날 막을 수 없어'라고 생각하는 아이를 키워 낼 뿐이다.

이런 아이들은 스스로 움직이거나 일해 본 경험이 없어 노동의 수고로움을 잘 알지 못하고 뭐든지 자기 뜻대로 하려고만 한다. 이는 아이의 정상적인 성격 형성에 아무런 도움이 되지 못한다. 이런 아이들은 외부의 합리적인 요구조차도 받아들이지 못하기 때문이다.

## (2) 부모가 모범을 보여라

부모의 교만이 특히 아이의 욱하는 성질을 키우기도 한다. 부모의 교만한 모습을 본 아이는 지식을 탐구하고자 하는 욕망이 없어지고, 자신이 원하는 것은 언제든 손쉽게 얻을 수 있다고 생각한다. 그러다 보니 옳고 그름을 제대로 분별하지 못하고 무엇이든 자기중심적으로 생각하고 행동하게 되는 것이다. 따라서 아이에게 세상에는 내 마음대로 되지 않는 일도 많다는 사실, 자신이 늘 옳을 수는 없으니 겸손해야 한다는 사실을 알려 주자.

## (3) 부모 자신의 허영심을 경계하라

물질적으로 풍요로운 삶을 누리면서도 뭐든 남보다 더 가지려고 하는 아이들이 있다. 이런 아이는 다른 아이가 가진 것은 당연히 자기도 가져야 하고, 다른 아이에게 없는 것도 자기는 무조건 있어야 한다고 생각한다.

아이가 이런 모습을 보이는 원인은 다름 아닌 부모의 허영심이다. 많은 부모들이 허리띠를 졸라매면서도 자신의 허영심을 채우기 위해 아이에게 이것저것 사 주곤 한다. 아이는 흥미가 없는데도 피아노며 바이올린이며 각종 물건들을 끊임없이 사 나르는 것이다.

그런데 부모의 이런 행동은 무의식중에 아이의 마음속에 뿌리를 내리고, 아이는 모든 것을 자기 손에 움켜쥐려 한다. 그러다 보니 뭐든 제 마음대로 행동하고는 뜻대로 되지 않으면 쉽게 화를 내는 것이다. 부모의 허영심이 아이의 성격을 망친다는 것을 기억하자.

# 06

긍정적인 마음가짐은 몸과 마음의 자양분

<u>아침부터 저녁까지 우리는 선택의 순간에 놓인다.</u> 현관문을 나서면서 만난 이웃에게 미소로 인사할 것인가 아니면 모른 척할 것인가, 알람 소리를 듣고 바로 일어날 것인가 아니면 5분만 더 잘 것인가? 이런 사소한 갈림길에서도 우리는 긍정적인 마인드로 결정을 내릴 수 있어야 한다. 이는 자신감을 키우고 자존감을 세우는 데에도 상당한 도움이 된다.

긍정적인 마음가짐은 아이가 희망을 보게 하며 성공을 위해 노력

하게 만든다. 부정적인 요소의 존재를 부인하지 않으면서도 그 우울함 속에 빠지지는 않도록 마음을 다잡게 해 준다. 설령 어려움을 만나더라도 기꺼이 이를 극복해 밝은 곳으로 나아가게 하는 힘이 된다.

그런데 많은 부모들이 아이의 긍정적인 면은 외면한 채 부정적인 면에만 집중한다. 가령, 아이가 수학 시험에서 몇 문제를 틀려 오면 혼을 내는 식이다. 틀린 문제에만 집중할 뿐 정답을 맞힌 나머지 문제들은 보지 못한다.

이런 관점은 아이의 자신감을 위축시킬 따름이다. 시험 성적이 좋지 않으면 실망하는 사람은 누구보다 아이 자신이다. 그러니 이럴 때 부모까지 덩달아 스트레스를 주지 말고 격려와 위로를 해 주는 것이 바람직하다.

자신이 친구들보다 못하다고 생각하는 아이는 늘 다른 사람이 "넌 안 돼"라고 말한 것만 기억한다. 한 번의 실패로 부모가 아이를 혼내거나 약점을 이야기하면 아이는 크게 상처를 받고 자기 비하를 하기에 이른다. 그리고 이것이 지속될 경우 아이는 자책감과 패배주의 심리가 강해져, 창의성과 진취성에도 부정적인 영향을 미친다.

이에 하버드의 교육 전문가들은 다음의 방법으로 아이의 긍정적인 마음을 길러 줄 것을 권한다.

## (1) 부모가 긍정적인 마음가짐을 가져라

아이는 부모의 영향을 너무도 쉽게, 또 크게 받는다. 부모가 긍정적인 마음가짐을 지니고 있다면, 아이 또한 아름다운 인생관을 바탕으로 자기 목표를 향해 자신감 있게 전진할 것이다. 주변 사람들과도 긍정적인 자세로 인간관계를 넓혀 가면서 긍정의 마음가짐을 전파할 것이다.

### (2) 아이의 장점을 발견해 주어라

당신의 아이에게는 어떤 장점이 있는가? 따뜻하면서도 객관적인 시선으로 아이의 가장 훌륭한 점을 찾아 주고, 아이가 이를 편안하고 즐거운 집안 분위기에서 마음껏 펼칠 수 있도록 도와주자. 이로써 아이는 스스로를 긍정적으로 바라보게 되며 자신감을 얻고 더 높은 목표를 향해 분발할 것이다.

### (3) 아이에게 상황의 긍정적인 면을 강조하라

특정 사물이나 상황이 가진 양면성을 고루 알려 주되, 그중 가급적 긍정적인 부분을 발견하고 받아들이도록 이끌어 주자. 아이에게 단점이 있을 경우, 그 또한 긍정적인 시선으로 대하며 고치도록 도와주면 분명 개선되는 모습을 보인다. 이러한 경험을 통해 아이는 앞으로 자신이 맞닥뜨릴 상황이나 어려움 앞에서도 긍정적인 부분에 보다 무게를 두고 거뜬히 극복해 낼 것이다.